Os vendedores andam
à procura de respostas.

Eles querem-nas *agora*.
Eles querem-nas *depressa*.
Eles querem-nas *de graça*.

Compre este livro:
Conseguirá duas dessas três coisas.

O que é preciso para
se ser um sucesso de vendas?

Por que é que não está a tirar o máximo partido
das suas capacidades de venda?

Por que é que acredita que outras coisas,
outras pessoas ou o seu chefe estão a retraí-lo?

Por que é que perde vendas para a
concorrência simplesmente porque esta
reduz os preços?

Por que é que os seus clientes
não lhe fazem novas encomendas?

Por que é que acredita que é mal pago?

Por que é que não está a ganhar
o que acha que merece?

***Porque não tem todas
as respostas... por enquanto!***

**Este livro contém as respostas.
99,5 Respostas do Mundo Real que fazem sentido,
criam vendas e geram dinheiro.**

Actual Editora
Conjuntura Actual Editora, S. A.

Missão
Editar livros no domínio da Gestão e da Economia e tornar-se uma editora de referência nestas áreas. Ser reconhecida pela sua qualidade técnica, **actualidade** e relevância de conteúdos, imagem e *design* inovador.

Visão
Apostar na facilidade e compreensão de conceitos e ideias que contribuam para informar e formar estudantes, professores, gestores e todos os interessados, para que através do seu contributo participem na melhoria da sociedade e gestão das empresas em Portugal e nos países de língua oficial portuguesa.

Estímulos
Encontrar novas edições interessantes e **actuais** para as necessidades e expectativas dos leitores das áreas de Economia e de Gestão. Investir na qualidade das traduções técnicas. Adequar o preço às necessidades do mercado. Oferecer um *design* de excelência e contemporâneo. Apresentar uma leitura fácil através de uma paginação estudada. Facilitar o acesso ao livro, por intermédio de vendas especiais, *website*, *marketing*, etc.
Transformar um livro técnico num produto atractivo. Produzir um livro acessível e que, pelas suas características, seja **actual** e inovador no mercado.

Jeffrey Gitomer

O Pequeno Livro Vermelho
de Respostas Sobre Vendas

99,5 Respostas do Mundo Real
Que fazem sentido, criam vendas e
GERAM DINHEIRO!

www.actualeditora.com
Lisboa — Portugal

Actual Editora
Conjuntura Actual Editora, S. A.
Rua Luciano Cordeiro, 123 - 1º Esq.
1069-157 Lisboa
Portugal

TEL: (+351) 21 3190240
FAX: (+351) 21 3190249

Website: www.actualeditora.com

Título original: *The Little Red Book of Sales Answers*
Copyright © 2005 by Jeffrey Gitomer
Ilustrações Copyright © 2006 by Randy Glasbergen
Edição original publicada em 2006 pela Pearson, Prentice Hall

Edição: Actual Editora – Novembro de 2008
Todos os direitos para a publicação desta obra em Portugal reservados por Conjuntura Actual Editora, S. A.
Tradução: Catarina Espadinha
Revisão: Marta Pereira da Silva
Design da capa: Josh Gitomer
Fotografia: Michell Kearney
Design das páginas: Greg Russell
Adaptação da versão portuguesa: Fernando Mateus
Gráfica: Guide – Artes Gráficas, L.da
Depósito legal: 284908/08
ISBN: 978-989-8101-43-3

Nenhuma parte deste livro pode ser utilizada ou reproduzida, no todo ou em parte, por qualquer processo mecânico, fotográfico, electrónico ou de gravação, ou qualquer outra forma copiada, para uso público ou privado (além do uso legal como breve citação em artigos e críticas) sem autorização prévia por escrito da Conjuntura Actual Editora.
Este livro não pode ser emprestado, revendido, alugado ou estar disponível em qualquer forma comercial que não seja o seu actual formato sem o consentimento da sua editora.

Vendas especiais:
O presente livro está disponível com descontos especiais para compras de maior volume para grupos empresariais, associações, universidades, escolas de formação e outras entidades interessadas. Edições especiais, incluindo capa personalizada para grupos empresariais, podem ser encomendadas à editora. Para mais informações contactar Conjuntura Actual Editora, S. A.

74 por cento de todos os vendedores não conhecem as MELHORES respostas para as situações, oportunidades e obstáculos de venda que enfrentam.

Nem sempre têm as MELHORES respostas sobre onde estão, o que dizer, o que fazer ou como fazê-lo… de forma a que resulte numa venda!

Todas as principais respostas sobre vendas que precisa de saber estão neste livro.

Os vendedores estão à procura de respostas.

As respostas mais rápidas e fáceis, que funcionam sempre.

A boa notícia é que as respostas existem. A má notícia é que, para conseguir tornar-se um vendedor de sucesso, tem de compreender, praticar e dominar as respostas.

Se pensava que com todas as respostas incluídas neste livro qualquer um que o lesse se tornaria automaticamente um vendedor melhor, está enganado.

Para se tornar um vendedor melhor a primeira coisa que tem de fazer é **lê-lo**. A segunda coisa a fazer com este livro é **lê-lo** de novo. A terceira coisa a fazer com este livro é **experimentar uma resposta todos os dias**. Se não funcionar perfeitamente da primeira vez, ou se o resultado não for o que esperava, tente de novo e faça uns pequenos ajustes. A quarta coisa que tem de fazer é **praticar a resposta** até achar que está a resultar. A quinta coisa que tem de fazer é **dominá-la**.

SEGREDO: Combine cada resposta com a sua situação de vendas e faça-o de um modo que se adapte ao seu estilo e à sua personalidade.

Pense no modo como pede uma reunião. No modo como deixa uma mensagem de correio de voz. No modo como faz o *follow-up* após uma visita de vendas*. No modo como inicia uma apresentação de vendas. No modo como solicita uma venda. No modo como responde a um cliente zangado. No modo como obtém uma recomendação. Ou no modo como obtém um testemunho. Não gostaria de ter as respostas perfeitas para cada uma destas situações?

---

* **N.T.** No original, *sales call*. Refere-se a uma visita presencial ou a um telefonema de um vendedor realizado com o intuito de vender um produto/serviço ou de marcar uma reunião para fazer uma possível venda.

Está com sorte! Essas e mais 99,5 respostas encontram-se neste livro. Respostas do mundo real, para situações de venda do mundo real. Respostas que pode utilizar assim que as lê — e depois levar os resultados para o banco — o seu banco.

O meu irmão, Josh, afirma que não existem respostas — apenas perguntas. Felizmente o meu irmão é director de um coro e *designer* gráfico, não é vendedor. Ele está parcialmente correcto no sentido em que muitas destas perguntas irão gerar perguntas mais profundas. Essas são as perguntas a que terá de responder sozinho. Essas são as perguntas que será capaz de resolver facilmente devido às outras 99,5 respostas contidas neste livro.

O mais importante que tem de compreender é que você é o senhor do seu destino. E grande parte disso depende de como domina estas respostas. O modo como as utiliza pode controlar o resultado das suas vendas.

ÓPTIMAS NOTÍCIAS! O seu trabalho em vendas é, na realidade, *o seu próprio negócio* dentro do negócio da sua empresa. As vendas que realiza fazem com que as encomendas sejam registadas, fazem o sistema começar a funcionar, enviam os produtos e geram as facturas que no final resultam em pagamentos dos clientes. Esse dinheiro é utilizado para lhe pagar a si e a todos na empresa, incluindo o CEO e o dono.

Em 1946 o falecido e notável Red Motley disse: "Nada acontece até ser feita uma venda." Sessenta anos mais tarde — essas palavras têm mais significado do que nunca. A sua função é fazer a venda. Ao ler este livro, e ao dominar as respostas, será capaz de partir para a acção e fazer a venda — antes que a concorrência o faça.

O PESO DO MUNDO DAS VENDAS ESTÁ NOS SEUS OMBROS.

Ao longo deste livro, encontrará o ATLAS DAS VENDAS *no cimo da página.*

Ele está a sustentar os cabeçalhos das páginas do mesmo modo que você tem de sustentar a sua empresa — o peso do sucesso das vendas da sua empresa está nos seus ombros. Carrega o peso do mundo das vendas.

Aqui está a boa notícia: quando fizer todas as vendas que a sua empresa espera que faça, estará numa forma perfeita — numa forma *física* perfeita — para transportar todo o seu dinheiro para o banco.

Qual é a melhor forma de fazer uma venda?

A MELHOR forma de fazer uma venda é ser simpático *antes* de começar.

A MELHOR forma de fazer uma venda é encontrar pontos em comum *antes* de começar o processo de venda.

A MELHOR forma de fazer uma venda é fazer perguntas inteligentes que salientam as necessidades e os motivos.

A MELHOR forma de fazer uma venda é estar descontraído ao longo da conversa.

A MELHOR forma de fazer uma venda é solicitar uma data de início ou algum tipo de compromisso para avançar *depois* de ter a certeza que eliminou todos os riscos e todos os obstáculos do processo de compra do potencial cliente.

A MELHOR forma de fazer uma venda é criar uma atmosfera em que o outro quer comprar.

RESPOSTA FINAL: A realidade é: não existe uma "melhor forma única". Mas estes elementos "melhores", quando combinados, atirarão a sua concorrência para a lama. (Onde pertence!)

O Pequeno Livro Vermelho
de Respostas Sobre Vendas

99,5 Respostas do Mundo Real que fazem sentido, criam vendas e geram dinheiro

Índice

PARTE UM — 2-30
Aperfeiçoamento pessoal que conduz a um crescimento pessoal

PARTE DOIS — 31-55
Fazer prospecção de *leads* de ouro e marcar reuniões seguras

PARTE TRÊS — 56-74
Como vencer a batalha e a guerra das vendas

PARTE QUATRO — 75-142
Construção de competências de vendas…um "tijolo" de cada vez

PARTE CINCO — 143-178
Desenvolver a amizade. Construir a relação. Obter a recomendação. Conquistar o testemunho. Conseguir uma repetição de encomenda.

PARTE SEIS — 179-192
Construir a sua marca pessoal

PARTE SEIS vírgula CINCO — 193-197
O AHA final!

O que quer saber?

PARTE UM
Aperfeiçoamento pessoal que conduz a um crescimento pessoal
1. Qual é o significado das vendas?
2. Como me torno a pessoa de sucesso que mereço ser?
3. Como posso dar o meu melhor todos os dias?
4. Como posso alcançar, conquistar e manter uma atitude positiva?
5. Como posso aperfeiçoar o meu humor?
6. Como posso aperfeiçoar a minha criatividade?
7. Como posso melhorar as minhas competências de escrita?
8. A minha empresa não me compra um computador portátil. O que devo fazer?
9. Como encontrar um mentor e construir uma relação quando encontrar um?
10. O que causa o meu medo do insucesso e como hei-de ultrapassar a angústia provocada pela rejeição?
11. Qual é o segredo para uma vida sem preocupações?
12. Que livros devo ter na minha biblioteca? Quais são as melhores cassetes e CDs para ouvir no carro?
13. Devo mudar de emprego?
14. Devo assinar uma cláusula de não concorrência?

PARTE DOIS
Fazer prospecção de *leads** de ouro e marcar reuniões seguras
15. Como fazer *cold calls***?
16. Como PARAR de fazer *cold calls*, mas conseguir marcar reuniões?
17. Como posso contornar alguém de um nível hierárquico inferior?

---

* **N.T.** Pessoas ou organizações que mostraram interesse num determinado produto ou serviço e que, portanto, são oportunidades de venda para os vendedores.

** **N.T.** Telefonemas e/ou visitas presenciais não solicitados feitos pelos vendedores na tentativa de marcarem reuniões de venda e angariarem clientes.

18. Qual é a melhor forma de fornecer informações a um potencial cliente?
19. Qual é a melhor forma de passar pelo "guardião"?
20. Qual é a melhor forma de obter informações sobre um potencial cliente antes de uma reunião de vendas?
21. Qual é a melhor forma de marcar uma reunião?
22. Como posso descobrir quem é o verdadeiro decisor?
23. O que fazer quando o potencial cliente não aparece para uma reunião?
24. O que fazer quando o potencial cliente mente?
25. Quais são as perguntas que estou a fazer aos meus potenciais e actuais clientes que a concorrência não faz?
26. Por que é que os últimos cinco potenciais clientes disseram que não? O que estou a fazer em relação a isto?
27. Por que é que os últimos dez potenciais clientes disseram que sim? Como estou a progredir com base nisso?

PARTE TRÊS
Como vencer a batalha e a guerra das vendas
28. Qual é a melhor forma de abordar uma venda?
29. Quais são as duas perguntas mais eficazes nas vendas?
30. Quais são as três perguntas mais tolas nas vendas?
31. Qual é a melhor forma de controlar uma conversa telefónica?
32. Como posso contornar a objecção de preço? (Mas, afinal, quem levantou a questão do preço?)
33. Qual é a diferença entre uma protelação e uma objecção?
34. Como posso impedir que aconteçam objecções?
35. Como posso reconhecer os sinais de compra? Qual é o sinal de compra mais importante?
36. Qual é a melhor altura e a melhor forma de solicitar a venda?
37. Como é que os compradores decidem e o que procuram?

PARTE QUATRO
Construção de competências de vendas…um "tijolo" de cada vez

38. Por que é que os compradores não respondem aos meus telefonemas? Como posso conseguir que isso aconteça?
39. O que é que a mensagem de correio de voz que deixo diz aos meus clientes?
40. Qual é a melhor forma de utilizar a Internet para fazer vendas?
41. Devo tentar "tipificar" o comprador?
42. Qual é a melhor forma de me preparar para uma visita de vendas?
43. Devo respeitar um aviso de "proibido solicitações"?
44. Qual é a melhor forma de vencer a concorrência?
45. Qual é a melhor forma de garantir uma repetição de encomenda?
46. Qual é a melhor forma de fazer o *follow-up*?
47. Quais são as melhores formas para acrescentar valor?
48. O que significa "apresentar valor primeiro"?
49. Como posso criar perguntas com valor?
50. O que é a "venda depois da venda"?
51. Por que é que os clientes desistem?
52. Qual é a melhor forma de sair de uma crise?
53. Quais são os piores erros que os vendedores cometem?
54. Quais são os erros fatais nas vendas?
55. Em que deve consistir um almoço de negócios?
56. Devo jogar golfe em negócios? Como?
57. O que devo fazer quando o cliente telefona e está furioso?
58. Como posso evitar que um potencial cliente se decida pelo preço mais baixo?
59. Como posso fazer com que a minha proposta se destaque?
60. Qual é a melhor forma de utilizar os testemunhos?
61. O que devo dizer aos meus clientes quando a concorrência mente sobre mim, sobre o meu produto ou sobre a minha empresa?
62. Como posso superar a "relutância em fazer chamadas de venda"?
63. Que tipo de nota de agradecimento devo escrever?

64. Qual é o nível de excelência das minhas competências de venda?
65. Qual é a melhor forma de conseguir o meu objectivo de vendas todos os meses?
66. Qual é a melhor forma de gerir o meu tempo?
67. Por que é que desisto com tanta facilidade quando um cliente me diz que não? Quanto tempo deveria ter aguentado?
68. Qual é a melhor forma de duplicar as minhas vendas este ano?
69. Quem é a pessoa mais importante do mundo?
70. Quanto tempo devo investir na promoção e no posicionamento da minha empresa?
71. De que forma estou a ajudar os meus clientes nos seus negócios?
72. O que estou a fazer para conquistar a lealdade dos meus clientes?
73. Qual é a minha vulnerabilidade em relação à concorrência?
74. O que preciso de aprender para evoluir? O que tenho de fazer para progredir?

PARTE CINCO
Desenvolver a amizade. Construir a relação. Obter a recomendação. Conquistar o testemunho. Conseguir uma repetição de encomenda.

75. É fácil fazer negócio comigo?
76. Até que ponto é que os colaboradores da minha empresa são simpáticos? Até que ponto é que o meu chefe é simpático? Até que ponto é que eu sou simpático?
77. Qual é a melhor forma de estabelecer relações?
78. Qual é a melhor forma de iniciar uma relação?
79. Onde devo fazer *networking*?
80. Como posso desenvolver um *slogan* comercial eficaz de 30 segundos?
81. Quanto tempo devo dedicar ao *networking*?
82. Quais são os segredos do *networking* de sucesso?
83. Como posso conseguir melhores *leads* do que todos os outros?
84. Como posso conseguir testemunhos?
85. Qual é o poder de um testemunho na conclusão de uma venda?

86. O que estou a fazer para evitar perder os meus melhores clientes?
87. Estou disponível para os meus clientes quando precisam de mim?
88. Que valor estou a trazer para os meus clientes para além do meu produto e serviço?
89. Por que é que alguns clientes mudam para a concorrência?
90. Como posso conseguir mais recomendações?
91. Qual é a melhor forma de abordar e atrair um cliente recomendado?
92. Quantos estão a "espalhar a minha palavra" por mim?

PARTE SEIS
Construir a sua marca pessoal
93. Como me posso diferenciar da concorrência?
94. Com que frequência estou com os meus clientes?
95. O que posso fazer ao meu *website* para levar os clientes a comprarem?
96. Pelo que é que é conhecido?
97. É um líder de vendas ou um perseguidor de vendas?
98. Sou reconhecido por ser "O MELHOR" em quê?
99. O que é que os líderes no meu sector dizem sobre mim?

PARTE SEIS vírgula CINCO
O AHA final!
99,5. Até que ponto é que gosto do que faço?

"Quem me dera ter dito..."

Alguma vez assumi isto? Certamente que sim. Toda a gente já o disse. Você disse-o cedo na vida e depois de fazer algum teste na escola. Disse-o depois de falar com amigos, irmãos e pais. Disse-o quando estava a crescer e já na idade adulta.

Agora chegou a hora do jogo. A hora das vendas. "Quem me dera ter dito..." não tem lugar no mundo das vendas, excepto na boca dos derrotados.

A segunda melhor resposta
em vendas é a primeira a perder.

A segunda melhor resposta
em vendas pode custar-lhe um milhão de dólares.

A segunda melhor resposta
em vendas pode custar-lhe o cliente.

A segunda melhor resposta
em vendas pode custar-lhe o emprego.

Se quer as melhores respostas às perguntas mais importantes sobre vendas (e sobre a vida), tem nas mãos o livro certo.

Agora, tudo o que tem de fazer
é aprendê-las melhor do que a sua concorrência.

99,5 Respostas do Mundo Real

Respostas que pode experimentar assim que as tiver lido e que pode transformar em dinheiro!

PARTE UM
Aperfeiçoamento pessoal que conduz a um crescimento pessoal

QUAIS SÃO AS MELHORES RESPOSTAS?

COMO POSSO SABER? AINDA NÃO LI O LIVRO.

EU SEI TODAS AS RESPOSTAS, EXCEPTO UMA. COMO VOU PAGAR A PRESTAÇÃO DO CARRO ESTE MÊS?

Qual é o significado das vendas?

Todos os vendedores (você incluído) querem conhecer a forma mais rápida, mais fácil e melhor de fazer uma venda.

Um dia perguntei a uma plateia de vendedores de seguros: "Quantos de vocês gostariam que vos desse uma lista daqueles que querem fazer seguros agora?" Todos levantaram o braço.

DICA: Não existe nenhuma lista. Mas todos os vendedores desejariam que lhes dessem uma.

Numa palavra, vendas significa: **TRABALHAR**

Em duas palavras, vendas significa: **TRABALHAR ARDUAMENTE**

Não há surpresas aqui — excepto, é claro, se trabalhar na Disney World, na Terra da Fantasia. "Acorda, Sininho." Não há uma varinha mágica. Não há uma fórmula secreta. Não há uma loção ou poção que torne as vendas mais rápidas e mais fáceis para si — a não ser que a sua poção seja o trabalho árduo.

Ah, claro, terá sorte de vez em quando e pensará que isso teve algo que ver com a sua competência. Mas quantas pessoas conhece que estavam no sítio certo, à hora certa e fizeram a grande venda da sua vida simplesmente por estarem lá? Você atribui isso à sorte. Eu não.

Conseguiram essa venda "sortuda" porque estavam no sítio certo, à hora certa e estavam preparadas. Portanto, vamos acrescentar mais uma palavra a esta fórmula: **Preparar-se**.

Então, se estiver preparado e se trabalhar arduamente, deve estar pronto para fazer a venda, certo? Errado. De seguida terá de **cativar**. **Cativar** de modo a que o cliente venha a comprar.

Portanto, se trabalhar arduamente, se estiver preparado e se **conseguir cativar** deve conseguir fazer a venda, certo? Errado. Tem de **garantir um compromisso** do provável comprador de que este está disposto a comprar o que tem para lhe vender.

Se fizer uma venda e fugir, não fará uma fortuna — ganhará uma comissão. O segredo é trabalhar arduamente, preparar-se, cativar, garantir um compromisso, ganhar uma comissão, conseguir uma venda, conseguir uma nova encomenda, conseguir uma recomendação, conseguir um testemunho. Depois (e só depois) pode progredir com base na venda, construir sucesso e construir riqueza.

Repare na fórmula que lhe dei e chegará à conclusão que, se existe alguma magia nisto tudo, *você* é o mágico.

Resta ainda uma parte importante da fórmula. E, como mágico, você certamente sabe o segredo. Se perguntar a qualquer mágico como se tornou incrivelmente competente no desempenho da sua magia, ele responderá com uma palavra: **Prática**. Aqui está, Houdini. Agora vá tirar uma venda da cartola.

Como me torno a pessoa de sucesso que mereço ser?

RESPOSTA: Estabeleça objectivos possíveis.

Onde estarei daqui a um ano?
Como estarão as minhas vendas?
Como posso chegar lá?
Os meus objectivos realistas estão estabelecidos ?
Estão registados por escrito?
(Se não, é provável que no próximo ano esteja onde está hoje.)

Conhece a definição clássica de um objectivo:
Um sonho — com um plano e um prazo.

As 3,5 razões clássicas pelas quais as pessoas (você incluído) não realizam os seus objectivos são:

1. Não registam por escrito os seus objectivos e não os colocam à vista.
2. Não elaboram um plano para conquistar os objectivos.
3. Não se comprometem ou não cumprem os compromissos assumidos.
3,5. Não estabelecem objectivos possíveis.

Parecem ser muito fáceis de ultrapassar, mas estudos mostram que mais de 74 por cento da sociedade adulta nem sequer regista os seus objectivos por escrito. UAU!

Estes são os 7,5 passos clássicos para estabelecer e conquistar objectivos:

1. Identifique-o. Escreva claramente o(s) seu(s) objectivo(s). Escreva exactamente o que quer conquistar… utilizando termos o mais específicos possível.

2. Date-o. Estabeleça uma data (e um tempo limite) para iniciar e terminar o objectivo. Se não se comprometer com um início e se não apontar uma data de conclusão, a sua capacidade de conquistar qualquer objectivo é questionável.

3. Faça uma lista dos obstáculos que terá de ultrapassar para conquistar o seu objectivo. A identificação de obstáculos ajudará a evitar que eles surjam.

4. Faça uma lista de grupos e pessoas a contactar que irão trabalhar consigo e que o ajudarão a conquistar o seu objectivo. Os outros irão ajudá-lo se lhes pedir.

5. Faça uma lista das competências e dos conhecimentos que precisa de ter, de modo a conquistar o seu objectivo. Já os tem ou tem de os adquirir? Faça um plano para adquirir ou contratar os conhecimentos ou as competências de que precisa.

6. Faça (e registe por escrito) um plano de acção para cada objectivo. Quanto mais específico e detalhado for o seu plano, maiores serão as probabilidades de o cumprir.

7. Elabore uma lista com os benefícios que obterá ao conquistar os objectivos. O que é que ganho depois de conquistar este objectivo? Qual é o meu incentivo? O meu incentivo é suficientemente forte para garantir a sua conquista?

7,5. Aja todos os dias. Dez ou 15 minutos por dia são suficientes para fortalecer a conquista de objectivos. Estabeleça um compromisso pessoal de agir de acordo com os seus objectivos…e esteja à altura desse compromisso todos os dias.

A conquista de objectivos depende de si. O seu diálogo interno, a sua automotivação e a sua autodeterminação são 90 por cento do processo de conquista de objectivos.

O grande segredo da conquista de objectivos é descobrir qual é "a dose diária".

Descubra de quanto precisa todos os dias para atingir o seu objectivo em pequenos passos. Uma quantidade que possa avaliar. Uma quantidade que possa conquistar.

Poupe alguns cêntimos por dia, perca alguns gramas por dia, faça algumas chamadas por dia, ganhe alguns dólares por venda — e conquiste essa dose diária todos os dias.

Por fim, conquiste o objectivo.
Finalmente pode dizer a palavra mágica.

Grite — CONSEGUI!

(Gritar coisas positivas provoca sempre um sentimento maravilhoso.)

Dica RedBit Gratuita: Quer as CliffsNotes[*] de Gitomer sobre a nova forma clássica de conquistar objectivos? Vá a www.gitomer.com, registe-se se for um novo utilizador e escreva a palavra CLIFFSNOTES no espaço RedBit.

---

[*] **N. T.** Guias de estudo publicados nos EUA sobre várias matérias, desde Literatura a Matemática e a Ciências.

Como posso dar o meu melhor todos os dias?

Aqui estão algumas regras simples:

1. Acorde cedo. Quem cedo madruga não se limita a chegar primeiro. Quem cedo madruga é também quem faz dinheiro. Trabalhe enquanto os outros dormem.

2. Goste do que faz. Se não gostar, nunca chegará ao topo. É amar ou abandonar.

3. Dedique-se a ser um estudante ao longo de toda a vida. Quantos livros leu no ano passado?

4. Converta a zanga em determinação. A zanga é a maior perda de energia do planeta. Bloqueia o pensamento positivo. Bloqueia o pensamento criativo.

5. Converta obstáculos em progresso. Poderá conhecê-los como objecções. Ou até rejeições. Não desista até ganhar e conquistará domínio pessoal e mental.

6. Encare todos os "não" como "ainda não". Não ouve com os ouvidos. Ouve com a mente. O modo como aceita as palavras dos outros determinará o seu destino. Tenha uma atitude de aceitação positiva.

7. Veja pouca ou nenhuma televisão. Nunca terá sucesso a ver televisão. Transforme o tempo de ver televisão em tempo de estudo. Em tempo de preparação. Em tempo para pensar. **Invista o seu tempo, não o desperdice.**

8. Leia durante 20 minutos todas as manhãs. Ler dá a oportunidade de ponderar em silêncio. Pode reflectir sobre as ideias e os pensamentos dos outros e convertê-los imediatamente na sua própria fórmula de sucesso. Terá melhores hipóteses de sucesso através da leitura. Aprenda a ganhar. Leia para ter sucesso.

9. Escreva durante 20 minutos todas as manhãs. Sobre o que é que deve escrever? O que quiser! Comece por clarificar os seus pensamentos e ideias por escrito.

10. Telefone àqueles que ama — e diga-lhes que as ama. O amor não é motivação. O amor é inspiração. Para ser o melhor de que é capaz, tem de ir para além da motivação — até à inspiração.

10,5. Diga a si próprio que é o maior. "Sou o maior de todos os tempos." Muhammad Ali disse-o milhares de vezes. Milhões concordam que ele foi o melhor de todos os tempos. Ele começou essa caminhada dizendo-o a ele próprio em primeiro lugar. Você também o pode fazer.

VAI DESPEJAR O LIXO. MUDA A AREIA DO GATO. PASSA PELA FARMÁCIA. VAI BUSCAR A ROUPA À LAVANDARIA. CORTA A RELVA.

EM ALGUNS DIAS É DIFÍCIL SERMOS O MELHOR QUE CONSEGUIMOS.

Como posso alcançar, conquistar e manter uma atitude positiva?

Quase todos pensam que têm uma atitude positiva, mas não têm. Geralmente nem lá perto. Não compreendem a essência de "atitude". Não é um sentimento — é um estado de espírito auto-induzido. E você controla-o totalmente. Você determina qual é a sua atitude.

Não tem nada que ver com o que acontece consigo. Não tem que ver com dinheiro ou com o sucesso. É, pura e simplesmente, **o modo como se dedica à forma como pensa**.

Aqui está a fórmula vitalícia para conseguir uma atitude positiva:

1. **Rodeie-se de coisas e pessoas positivas.**
2. **Leia e ouça livros, CDs e cassetes positivos.**
3. **Diga as coisas de um modo positivo. Como *pode* e não *por que não pode*.**
4. **Acredite que pode conseguir.**
5. **Não ligue àqueles que lhe dizem que é louco. Estão apenas invejosos.**
5,5. **Comece agora e aperfeiçoe todos os dias. Simples? Sim. Mas exige trabalho árduo.**

Para conquistar uma atitude positiva tem de estudá-la e praticar a autodisciplina que envolve. Tem de viver a sua essência — todos os dias.

O meu segredo para a preservar? Leio duas páginas de um livro positivo todas as manhãs — Napoleon Hill, Dale Carnegie, Norman Vincent Peale. E tenho ouvido a gravação de *The Strangest Secret* de Earl Nightingale uma vez por mês (ou mais) nos últimos 30 anos.

Quer começar do início? Releia *The Little Engine That Could*. Não é um livro para crianças. É uma filosofia para toda a vida.

Atitude é algo que dá a si próprio ao longo do tempo. Dia após dia. E os outros podem ser contagiados por si, ou não. Não existe uma "Atitude Positiva Instantânea" — apenas uma "Atitude Negativa Instantânea".

Pode escolher!

A atitude positiva é uma bênção autoconcedida. E tenho fortes esperanças que descubra essa verdade e que se abençoe para sempre.

Como posso aperfeiçoar o meu humor?

Pode começar por estudar o humor. Existem vários tipos de livros sobre o assunto. Escolha um que seja o seu estilo. Depois vá assistir a espectáculos de comédia e veja filmes também de comédia. Prepare o terreno parar iniciar o seu estudo e para compreender o humor.

SEGREDO: Não vá apenas para se rir, vá para aprender. Não se limite a observar; tire apontamentos e aprenda.

OUTRO SEGREDO: O humor é um "sentido". Diz-se muitas vezes que alguém tem um grande "sentido de humor". Para se tornar mais engraçado, mais cómico, tem de sentir quando o humor acontece. Esteja mais atento, para que possa saber (sentir) quando deve recorrer ao humor.

Socialize com pessoas divertidas. E o que é que as torna engraçadas? Geralmente não é uma combinação de quem são, do que dizem e da maneira como falam? Não as imite. Observe apenas as suas qualidades e adapte-as ao seu estilo. Esteja à vontade com o seu humor. Torne-o seu.

PERIGO: Não faça humor à custa dos outros. Se quiser fazer uma piada sobre alguém, faça-a sobre si próprio. E não conte as piadas várias vezes. Se o outro já as ouviu, fará figura de idiota. Especialmente se não tiver grande jeito para as contar.

Quando acontece algo cómico, como é que reage? Ri-se ou sorri com desprezo? A forma como reage a situações engraçadas determina frequentemente até que ponto é capaz de ser engraçado. Conheço muitos que acham que nada tem graça. Mas não os conheço bem, porque tento evitá-los.

RESPOSTA FINAL: A forma mais fácil de aperfeiçoar o seu humor é "pensar de forma cómica" em primeiro lugar. Nota: Eu não disse "ridícula". Eu disse "de forma cómica". Se tiver o humor sempre em mente, irá tornar-se um hábito que gera sorrisos e esses sorrisos são contagiosos. Está tudo na forma como olha para as coisas.

O seu desafio
é aceitar o que é engraçado
como parte da
sua vida quotidiana.

Como posso aperfeiçoar a minha criatividade?

Dois escritores forneceram a base para o meu estudo sobre a criatividade: Edward de Bono e Michael Michalko. Comece com *Thinkertoys* de Michalko: o livro mais fácil e mais prático alguma vez escrito sobre criatividade. Depois avance para *Os Seis Chapéus do Pensamento* de de Bono.

O SEGREDO É: Leia devagar. Uma página ou duas por dia. Talvez um capítulo por semana. E à medida que ler um conceito, estratégia ou técnica — experimente-os. Experimente-os todos os dias. Isso dar-lhe-á uma compreensão mais profunda no seu próprio mundo real. A aprendizagem através de livros é inútil sem uma aplicação prática.

Escolha cinco áreas das suas competências de vendas (ou de vida) nas quais gostaria de ser mais criativo. Talvez nas *cold calls*, no seu correio de voz, no *follow-up* ou como dizer obrigado. Ou talvez numa prenda de aniversário para o seu filho. Aplique as lições que aprendeu (estudando) a estas situações ao experimentar ideias diferentes — independentemente de parecerem ridículas.

Começam por ser ridículas, mas no final são inteligentes.

Pergunte ao homem que tentava inventar uma máquina de raios X e que acabou por ser uma televisão. Parecia ridículo na altura.

Aqui está o que faço: Quase todos os meus clientes têm filhos ou netos. Em vez de comprar a tradicional garrafa de vinho ou outra bebida alcoólica, ou de lhes dar alguma lembrança tola com o símbolo da empresa, ofereço-lhes livros para crianças. Livros que ganharam prémios e que foram autografados pelo autor. Por menos de 30 dólares, causei a melhor impressão possível num ser humano.

Tive esta ideia ao aplicar os princípios do conceito criativo de Michael Michalko denominado SCAMPER.

Agora é a sua vez.

Dica Red✖Bit Gratuita: O que quer dizer SCAMPER? Vá a www.gitomer.com, registe-se se for um novo utilizador e escreva a palavra SCAMPER no espaço RedBit.

Como posso melhorar as minhas competências de escrita?

Aprendi como escrever com o meu pai e com o meu irmão.

Aqui estão algumas LINHAS DE ORIENTAÇÃO para melhorar as suas competências de escrita:

- Melhore a sua escrita lendo bons escritores.
- Melhore a sua escrita praticando todos os dias.
- Melhore a sua escrita fazendo uma revisão um dia mais tarde.
- Melhore a sua escrita criando uma estrutura.
- Melhore a sua escrita encontrando a sua "voz".
- Melhore a sua escrita compreendendo que os conteúdos factuais e registados numa lista ganham importância.
- Advérbios, locuções preposicionais e superlativos são proibidos.
- Use o tom certo. O meu é directo e sucinto.
- Escolha a "voz do autor". A minha é autoritária.
- Utilize o poder da autoridade em pronomes: primeira pessoa do singular, segunda pessoa, terceira pessoa.
- Utilize o privilégio do escritor: escrevendo em vernáculo, não de forma gramaticalmente correcta. Utilize sintaxe incorrecta como para dar ênfase.
- De forma gramaticalmente correcta (aceitável por vezes). Para mim, é escrever como se fala.
- Pesquisa *vs.* o seu conhecimento. Prova *vs.* opinião. Eu utilizo o conhecimento e a opinião.

- Utilize palavras gráficas e aliterantes como "vómito" e "vomitar".
- Faça parágrafos curtos.
- Utilize temas repetidos. Eu utilizo: INDÍCIO PRINCIPAL ou "Pense nisto…"
- Utilize palavras a **negrito** e MAIÚSCULAS para explicar o seu ponto de vista e salientar certas palavras.
- Cative-me logo ao início. Comece com uma pergunta ou com uma afirmação curta.
- Dê-me substância no meio. Tudo substância.
- Faça-me sorrir, pensar ou agir no final. Finalize com impacto.

GRANDE SEGREDO: Leia em voz alta quando fizer a revisão. Como é que *soa*, não como se lê.

INTERROGUE-SE: Onde está o impacto? Onde está a substância? Onde está o ponto essencial? Onde está o chamariz? É cativante? Quererá o leitor ler tudo? Será que este texto vai levar o leitor a *pensar*? Será que este texto vai levar o leitor a *agir*?

INDÍCIO PRINCIPAL: Quando foi a última vez que escreveu um artigo numa publicação que os seus actuais e potenciais clientes leram? A resposta a esta pergunta é muito provavelmente "nunca". Não seria fantástico se chegasse a uma visita de vendas e a revista em que escreveu estivesse na secretária do seu provável comprador, aberta na página onde aparece o seu artigo?

A escrita é um diferenciador-chave. Eu uso-o há 14 anos. A escrita não leva apenas à diferenciação. É a credibilidade de que precisa para criar confiança no comprador.

A minha empresa não me compra um computador portátil. O que devo fazer?

Mexa-se e invista na pessoa mais importante do mundo — VOCÊ!

A parte pior neste cenário é que se lamenta a outros e vai lamentar-se ao seu chefe. Talvez até se vá lamentar aos seus clientes. Por outras palavras, é um lamentador. No final, irá demitir-se do seu emprego apenas para ir lamentar-se para outro lado, porque se demite por causa de um sintoma, não de um problema.

Na sua cabeça, demite-se porque não lhe compravam um computador portátil. A realidade é que não estava disposto a investir em si próprio. E o mesmo será verdade no seu próximo emprego.

O pior que pode acontecer é no seu próximo emprego comprarem-lhe um computador portátil e você não aprender a lição.

RESPOSTA: O seu sucesso é da sua responsabilidade, assim como o são as suas ferramentas de venda. Vá a uma loja de informática e compre um computador. Agora tem o seu próprio dinheiro. *Mexa-se e invista na pessoa mais importante do mundo — VOCÊ!*

Isto aplica-se a tudo o que a sua empresa não lhe dá. Suponha que não pagam a gasolina que gasta. Vai deixar o carro parado? E em relação à comida? Vai deixar de comer?

E que tal se parasse de se lamentar e começasse a ganhar?

Como encontrar um mentor e construir uma relação quando encontrar um?

Aborde os potenciais mentores com atenção e respeito. Vá devagar. Encontrará um mentor ao ganhar o respeito dele — *não* pedindo que seja o seu mentor. Eles simplesmente tornam-se mentores com o tempo.

DESAFIO PARA O SUCESSO: Faça uma pequena lista de pessoas (possíveis mentores) que acredita que possam ter um impacto na sua carreira. Descubra uma forma de ficar a conhecê-las. Descubra uma forma de elas o ficarem a conhecer a si. Descubra uma forma de o impacto do sucesso *delas* ter impacto no *seu* sucesso.

Aqui está uma lista de linhas de orientação que farão crescer uma relação de mentorização:

- **Utilize o seu mentor sensatamente.** Não use e abuse dos seus privilégios.

- **Não peça dinheiro ao seu mentor.** Isso irá influenciar as respostas que ele lhe dá e você irá perder a objectividade dele.

- **O seu mentor tem orgulho no seu crescimento.** O seu mentor gosta de o ajudar — MAS — tem de lhe agradecer e de mostrar reconhecimento em todas as oportunidades que tiver. Mostre-lhe que fez o que ele sugeriu e que funcionou. É essa a inspiração dele para continuar.

Conseguirá manter um mentor durante anos e anos ao trazer valor para a relação. Partilhe os seus objectivos. Peça o conselho, a opinião e a experiência dele. Partilhe os seus triunfos. Peça para saber mais sobre os triunfos dele. Partilhe as suas derrotas, não se queixe delas. Conte-lhe o que aconteceu e peça o seu conselho. Diga-lhe o que tenciona fazer — depois faça-o.

NOTA PESSOAL: A sabedoria dos mentores tem tido um papel importante no meu desenvolvimento e sucesso. Tive cinco mentores, incluindo o meu pai. Três ainda estão vivos. A sabedoria deles tem sido uma inspiração, um encorajamento espiritual, uma chamada de atenção, uma bofetada de luva branca quando mais precisei.

Por vezes é difícil ouvir a resposta certa. Por vezes é um alívio.

Devo mais aos meus mentores do que pode ser transmitido por escrito. Eles também o sabem. Eu disse-lhes. Mais importante — eu mostrei-lhes — ao adoptar a sua sabedoria e as suas filosofias, e ao transformar os seus conselhos em acções.

Encontre mentores que estão no topo! Se está à procura de ajuda, encontre-a em pessoas que já passaram por essa batalha — e ganharam.

Os mentores podem ajudá-lo com o valor da experiência deles, com a sabedoria conquistada através dos êxitos e dos fracassos, com conselhos práticos que muitas vezes vão contra o frenesim emocional do momento presente e com ideias e conceitos que vão para além da sua visão do presente.

Dica Red✲Bit Gratuita: Quer saber mais sobre a razão pela qual os mentores são valiosos? Vá a www.gitomer.com, registe-se se for um novo utilizador e escreva as palavras MENTOR VALUE no espaço RedBit.

O que causa o meu medo do insucesso e como hei-de ultrapassar a angústia provocada pela rejeição?

O medo do insucesso ou o medo da rejeição, como qualquer outro medo, é predominantemente mental. Mas pode ser mental com base nas suas experiências do passado. Poderá ter tido insucesso no passado. Poderá ter sido rejeitado muitas vezes no passado. Poderá ter pertencido a uma família difícil ou estado numa situação pessoal difícil e perdido algum sentimento de orgulho ou de auto-estima que outrora tinha. Poderá estar "à espera" de perder.

Substitua o seu sentimento negativo pelo seu sentimento positivo. Aqui estão alguns sentimentos negativos que os positivos substituem:

NEGATIVOS:
1. O sentimento de medo.
2. O sentimento de nervosismo.
3. O sentimento de rejeição.
4. O sentimento de procrastinação ou de relutância.
5. O sentimento de justificação/fundamentação lógica.
6. O sentimento de falta de confiança em si mesmo.
7. O sentimento de incerteza.
8. O sentimento de fatalidade.
8,5. O sentimento de "sou azarado".

POSITIVOS:
1. O sentimento de confiança.
2. O sentimento de expectativa positiva.
3. O sentimento de determinação.
4. O sentimento de realização.
5. O sentimento de vitória.
6. O sentimento de sucesso.
7. O sentimento de "tenho a certeza".
8. O sentimento de "dia perfeito".
8,5. O sentimento de boa sorte.

RESPOSTA FINAL: Em qualquer situação onde as hipóteses são vencer ou perder, ter sucesso ou insucesso, ser aceite ou rejeitado, tem de ser capaz de se relembrar de todos os seus sucessos do passado e de se concentrar neles. Concentrar-se no facto de que *pode* ser um vencedor — porque já *foi* um vencedor.

Qual é o segredo para uma vida sem preocupações?

Quer umas respostas? Sem problemas, eu tenho-as. E derivam todas da filosofia de um homem. Continue a ler...

Transpire. Faça *jogging*. Faça exercício. Tome banho. O exercício físico, seguido de relaxamento, desanuviará a sua mente. As ideias positivas e os pensamentos inovadores irão aparecer de repente. Prometo.

Relaxe. Ande. Um passeio de dois quarteirões desanuvia a mente e as soluções aparecerão. Veja um filme antigo e cómico (W.C. Fields, Irmãos Marx) ou a repetição de uma série de TV cómica (*Honeymooners*). Não faça mais nada durante uma hora. Desanuvie a sua mente com ar puro e puro humor.

Identifique. A preocupação é um sintoma, não um problema. Procure a origem da causa. Antes de conseguir livrar-se da preocupação, tem de identificar a sua verdadeira causa. A verdadeira causa da sua preocupação poderá surpreendê-lo.

Planeie. Assim que identificar a área que o preocupa, transforme-a num *plano de acção para o sucesso*. Elabore um plano independente para cada assunto. Crie formas de analisá-lo de modo diferente. Adopte uma atitude mais positiva em relação a ele. Ou simplesmente evite-o. Não tenha medo nem vergonha de pedir a ajuda de outros. Eles poderão ter todo o prazer em ajudá-lo (e em ajudarem-se ao mesmo tempo).

Leia. Ler dá-lhe repouso ou um estímulo mental. Ler obriga-o a desligar a televisão. O melhor livro sobre o *stress* e a preocupação foi escrito há 50 anos atrás. Dale Carnegie escreveu *Como Evitar Preocupações e Começar a Viver*. Já o leu? Compre-o. Leia-o.

Aja. Não aja motivado pela preocupação, aja *contra* ela. Crie uma reacção positiva à preocupação. Eu tenho uma estátua na estante de livros desde 1959. É um busto de cerâmica de Alfred E. Newman da revista MAD. Inscrita na estátua está a sua famosa (e única) citação: "O quê — eu preocupar-me?" Tem sido o meu credo há mais anos do que gostaria de reconhecer, mas é igualmente um dos segredos obscuros do sucesso nas vendas (ou das causas do insucesso nas vendas).

Sorria. É contagioso. Cria um bom ambiente externa e internamente. Nas vendas, é um pré-requisito. Se sorrir a toda a hora, todos os dias durante 30 anos, tornar-se-á um hábito.

Observe outros aspectos da sua vida que provocam ansiedade. Pode não ser apenas a falta de vendas. Pode haver o dobro (ou mais) de origens do *stress*. FAÇA UMA LISTA DE TODAS AS CAUSAS.

Ligar cinco ou seis coisas na mesma tomada fará queimar um fusível. O mesmo se passa consigo. Identifique as verdadeiras causas e desligue algumas coisas retirando-as da sua rotina diária.

TÁCTICA DE SUCESSO: Depois de agir, tem ainda de "deixar a preocupação passar" mentalmente. O segredo é simplesmente libertá-la ao sorrir. O seu sorriso tem o poder de transformar o negativo em positivo e de expulsar as preocupações do seu sistema.

NOTA FINAL: É determinante que compreenda que o *stress* e as preocupações não são culpa de outros. É você que os causa. Há apenas uma coisa que pode obter com as preocupações e com o *stress*... um ataque cardíaco. A alternativa é muito melhor para si e muito mais divertida.

Que livros devo ter na minha biblioteca? Quais são as melhores cassetes e CDs para ouvir no carro?

A razão por que quero que *tenha* estes livros é que, depois de os ler, pode continuar a usá-los como referência. Não é apenas uma biblioteca — é a sua biblioteca de *referência*.

ALGUNS DOS MEUS LIVROS FAVORITOS:

Como Fazer Amigos e Influenciar Pessoas de Dale Carnegie

Como Evitar Preocupações e Começar a Viver de Dale Carnegie

Pense e Fique Rico de Napoleon Hill

Acres of Diamonds de Russel Conwell

Psycho Cybernetics de Maxwell Maltz

Magic of Thinking Big de David Schwartz

LIVROS FAVORITOS ESGOTADOS QUE SERÃO MAIS DIFÍCEIS DE ENCONTRAR:

How to Sell Your Way Through Life de Napoleon Hill

Keys to Success and Personal Efficiency de Orison Swett Marden

He Can Who Thinks He Can de Orison Swett Marden

Selling Things de Orison Swett Marden

Autobiography of P.T. Barnum de P.T. Barnum

The New Art of Selling de Elmer Leterman

Pode encontrar livros esgotados na Internet pesquisando em www.ABEBooks.com ou www.bookfinder.com pelo título ou autor. Não tem de comprar a primeira edição. Não tem de comprar uma edição autografada. TEM de comprar, ter e ler uma edição barata.

ALGUNS DOS MEUS CDs FAVORITOS:

The Art of Exceptional Living de Jim Rohn

Success Through a Positive Mental Attitude de Napoleon Hill e W. Clement Stone

The Strangest Secret de Earl Nightingale

Lead the Field de Earl Nightingale

RESPOSTA FINAL: Assim que começar a construir e a ler a sua biblioteca de sucesso, começará simultaneamente a construir a sua formação e a aumentar o seu desenvolvimento pessoal. Durante anos, Charlie "Tremendous" Jones usou esta citação: "A única diferença entre onde está agora e onde estará daqui a um ano são os livros que ler e as pessoas que conhecer." Ele tem razão.

O seu dever é conhecer as pessoas certas e ler os livros certos.

Já que estou a citar outros, permita-me apresentar esta famosa citação de Harvey Mackay: "Não leia um livro, estude-o." Todos os livros na minha lista valem a pena ser estudados.

Devo mudar de emprego?

Se está a fazer-me essa pergunta, a resposta é: *Provavelmente deve*.
Se estiver a pensar nisso, uma entre 6,5 coisas está errada:

1. Não acredita na sua empresa.
2. Não acredita no seu produto.
3. Acredita que o produto da concorrência é melhor do que o seu.
4. Não gosta dos seus colegas de trabalho.
5. Não gosta do seu chefe.
6. Não está a fazer vendas suficientes.
6,5. Não gosta de nada nem de ninguém. Está zangado.

Estou a escrever este livro sobre vendas, mas ele aplica-se a qualquer emprego. Se está a pensar mudar de emprego, é apenas uma justificação para o que já decidiu. É como quando decide que já não está apaixonado. Você pode estar presente fisicamente, mas mentalmente está ausente.

As pessoas mudam de emprego a toda a hora. Não existe nada de mal nisso, excepto se não pensou cuidadosamente sobre para onde vai ou, ainda mais profundamente, o que está na realidade a fazê-lo querer mudar.

A curta resposta para "Devo mudar de emprego?" é:

Torne-se o melhor onde está e depois progrida.

Se sair descontente, provavelmente continuará descontente noutro lado. Se sair como vencedor, provavelmente será um vencedor noutro lado.

Demore o tempo que precise para reflectir sobre por que é que está a pensar sair. Faça uma lista de todas as razões (grandes ou pequenas). Poderá estar descontente apenas devido às condições no seu escritório, mas pode acontecer que a sua empresa não o apoie. Segundo a minha experiência descobri que nunca é apenas uma razão — é uma série de razões. (A empresa é mesquinha, os clientes não estão satisfeitos, o chefe é um idiota, sou subvalorizado, sou mal pago.)

Outro aviso: Demore o tempo que precise e faça um plano ponderado para mudar para um emprego de que pode gostar. A principal razão pela qual as pessoas desistem do seu emprego é porque não gostam dele. Pense nisso. Porque haveria de trabalhar oito ou nove horas por dia num determinado sítio se não gosta de lá estar? Isso é de loucos.

Alguns estão a pensar: "Jeffrey, não está a compreender, o pagamento da prestação da minha casa. Eu ganho muito dinheiro neste emprego. A minha família." Eu compreendo. Continue a trabalhar até rebentar.

Se quer ou precisa de sair, saia com um historial de sucesso, saia com um plano e saia para algo de que gosta.

Devo assinar uma cláusula de não concorrência?

Não, não deve, mas poderá ser forçado a fazê-lo.
Se estiver a começar num novo emprego e todos estiverem a assinar cláusulas de não concorrência, a sua escolha pode ser "assine ou não pode trabalhar aqui".

Se assinar uma cláusula de não concorrência, é melhor ser excepcionalmente cuidadoso. Algumas são exequíveis, outras não. Algumas empresas apenas as utilizam como dissuasores. Outras tentam aplicá-las.

Se tiver um advogado a quem possa mostrar o contrato, seria melhor fazê-lo. Afinal de contas, já que o departamento jurídico da empresa o elaborou, o seu advogado também pode dar-lhe uma vista de olhos.

CUIDADO: Se lhe pedirem para assinar uma cláusula de não concorrência a meio do contrato, não assine. Não sou advogado. Não posso dar aconselhamento jurídico. Mas se a sua empresa de repente aparece com uma cláusula de não concorrência para si e você já lá trabalha há meses ou anos, alguma coisa está drasticamente errada.

O objectivo é os empregadores e os vendedores adquirirem uma melhor compreensão e respeito mútuos, para que o resultado final seja o que ambos desejam: mais vendas.

Aqui está a minha solução, que acredito ser justa para todos.
O empregador deve exigir que caso o vendedor, por alguma razão, saia:

1. Não possa discutir segredos de comércio interno ou divulgar estratégias da empresa.

2. Não possa levar consigo qualquer documentação, bases de dados informáticas e tudo o mais respeitante à empresa, aos seus produtos ou aos seus clientes.

3. Todos os clientes da empresa ou os que estão em vias de o ser (especialmente aqueles com quem o vendedor tem estado a trabalhar) sejam intocáveis.

Eu pediria tanto ao empregador como ao vendedor para procurarem uma solução em que ambos estejam protegidos e em que haja respeito mútuo no início da sua relação, para que o resultado final corresponda às expectativas iniciais. Se a primeira coisa que um vendedor tiver de assinar for a cláusula "eu não confio em ti", então a última coisa que o empregador irá ter é a lealdade eterna de que está à espera.

RESPOSTA FINAL: Se a cláusula de não concorrência for justa para todos, então pode e deve ser assinada. Isso dá a todos uma percepção total do que deverá acontecer durante e depois do tempo em que trabalhar na empresa. A chave é que seja justa para todos.

Dica Red⫷Bit Gratuita: Quer mais informações antes de assinar uma cláusula de não concorrência? Vá a www.gitomer.com, registe-se se for um novo utilizador e escreva as palavras NON-COMPETE no espaço RedBit.

PARTE DOIS
Fazer prospecção de *leads* de ouro e marcar reuniões seguras

EU QUERO MAIS LEADS.

EU QUERO MAIS REUNIÕES.

EU TENHO TODAS AS LEADS E REUNIÕES DE QUE PRECISO. QUEREM COMPRAR?

Como fazer *cold calls*?

Existem dois tipos de *cold call*: pelo telefone e pessoalmente.

Pelo telefone, tem de passar por um "guardião" ou pelo correio de voz. Pode fazer isso dizendo: "Boa tarde, o meu nome é Jeffrey e gostaria de falar com o Sr. Jones. É um assunto de negócios de natureza pessoal."

Quando chegar ao Sr. Jones, deve dizer o seu primeiro nome e fazer-lhe uma pergunta cativante. Se estiver a vender telemóveis, pergunte algo do género: "Quais são os três métodos menos utilizados, mas mais vantajosos, de usar um telemóvel?"

O segredo das *cold calls* é "envolver", não é "fazer a venda".

O objectivo de uma *cold call* é marcar uma reunião.

Depois de o potencial cliente responder à sua pergunta (ou depois de responder por ele), deve dizer: "Tenho muitos outros factos importantes, pouco conhecidos e vantajosos sobre telemóveis. Gostaria de me encontrar consigo durante alguns minutos para conversarmos sobre como pode tirar proveito deles."

Está a tornar-se cada vez mais difícil fazer uma verdadeira *cold call* pessoalmente com todas as questões de segurança. Se estiver a contactar uma grande empresa, não vai conseguir entrar (a não ser que consiga arranjar algum estratagema). Se estiver a contactar uma empresa pequena, pode ser honesto — ou pode ser evasivo. Honesto seria: "Gostaria de falar com o responsável pela rentabilidade no que diz respeito ao sistema informático." Mais evasivo poderia ser: "Tenho uma pergunta importante para fazer sobre o moral empresarial, com base em operações informáticas, e gostaria de falar com o responsável."

O segredo aqui é que pedi para falar com alguém responsável por nada. Quanto mais pedir para falar com alguém que ninguém consegue definir, maiores serão as hipóteses de falar com um chefe, ou com um decisor, porque o "guardião", não fazendo ideia do que dizer mas tendo acesso directo ao chefe, irá chamá-lo.

RESPOSTA FINAL: Permita-me repetir que o segredo das *cold calls* é *envolver*. Se tiver a sorte de conseguir chegar a esse decisor, é melhor ter uma pergunta muito boa para lhe fazer.

Se me perguntar qual é o maior
segredo das *cold calls*
respondo-lhe numa palavra.
Preparação.
Se não for bom nisso,
posso resumi-lo em duas palavras.
Preparation-H.

Como PARAR de fazer *cold calls*, mas conseguir marcar reuniões?

Ninguém gosta das *cold calls*. Nem o vendedor que as faz. Nem certamente o potencial cliente que as recebe. É uma forma de vender — mas não a melhor forma. E está a ficar pior a cada dia que passa.

Eis 6,5 formas de eliminar profissionalmente a *cold call* comum e ainda conseguir marcar reuniões. O princípio por detrás de cada forma é simples — **Seja visto por pessoas que lhe podem dizer sim e apresente valor primeiro**. Valor que gera curiosidade para fazer com que lhe telefonem.

1. Escreva um artigo. Um artigo que seja lido pelos seus clientes e potenciais clientes.

2. Apareça num *talk show*. Participe por telefone se for preciso, mas é melhor ser entrevistado.

3. Faça um discurso. Numa reunião de uma associação ou numa feira comercial.

4. Envie uma ideia da semana por *e-mail*. Para a sua lista de clientes, potenciais clientes e de influências.

5. Organize um seminário gratuito. Torne o tema interessante e o conteúdo dinâmico.

6. Faça *networking* num evento de negócios. Seja visto pelos que são importantes e pelos que decidem. Conheça os seus clientes pessoalmente.

6,5. Arranje uma recomendação de alguém que gosta de si. As recomendações são melhores do que as *cold calls* — 100 a 1.

Mas no caso de estar curioso, aqui estão algumas circunstâncias de *cold calls* aceitáveis:

> ☎ Depois de uma visita a um cliente, vá a uma ou duas empresas ou escritórios vizinhos. **MELHOR FORMA:** Tente que o seu cliente o apresente em vez de aparecer no escritório sozinho.

> ☎ Faça um número fixo de telefonemas por dia para praticar a forma de conseguir envolver ou experimente novas ideias de vendas. Use as *cold calls* como formação. As *cold calls* são uma péssima forma de fazer uma venda — mas são óptimas para aprender como vender.

> ☎ Telefone para um tipo de negócios que já provou ser de sucesso no passado ou que está "em alta". Se todos estão a comprar, será mais fácil envolver. Leve um ou três testemunhos consigo.

RESPOSTA FINAL: O segredo das *cold calls* — não é quem você conhece — é quem o conhece a si. Se o conhecerem, irão convidá-lo para entrar. Se não o conhecerem, está tramado. A parte difícil é tornar-se conhecido — mas não é impossível.

Desafio-o a tornar-se mais conhecido. Desafio-o a tornar-se mais valorizado na sua comunidade. E desafio-o a criar um programa de *marketing* mais abrangente do que o que tem. Se conseguir, irão telefonar-lhe. E esse telefonema é prometedor.

Como posso contornar alguém de um nível hierárquico inferior?

RESPOSTA ÓBVIA: Primeiro que tudo nunca se dirija a alguém de um nível hierárquico inferior.

Quanto mais alto começar, mais fácil será chegar a um verdadeiro decisor. A única razão por que há quem se dirija a alguém de um nível hierárquico inferior é porque pensa que é um nível de entrada mais fácil. Quando, na realidade, complica tudo.

BOA RESPOSTA: Se fez o erro de "se dirigir a alguém de um nível hierárquico inferior" e se precisa de ascender na hierarquia, diga-lhe: "Tenho uma lista de meia dúzia de perguntas que gostaria de fazer a si e ao Bill (ou a si e ao seu chefe) e gostaria de saber se seria possível marcar essa reunião nos próximos dias."

RESPOSTA MELHOR: A forma mais fácil de contornar alguém de um nível hierárquico inferior é incluí-lo. Assim, ele não se sente ameaçado.

PIOR CENÁRIO: Alguém de um nível hierárquico inferior está a impedi-lo de chegar à pessoa do nível hierárquico mais elevado. Isto acontece em ambientes políticos e empresariais frágeis. Por outras palavras, o idiota de nível hierárquico inferior com quem está a falar está a recusar-se a fazer o melhor para a sua própria empresa. Em vez disso, está a fazer tudo o que pode para manter a sua insignificante presença.

MELHOR RESPOSTA: (E a minha recomendação) Chegue até alguém de um nível hierárquico superior através de informações de nível superior. Não consegue chegar até alguém de um nível hierárquico superior com a mesma informação que apresentou à pessoa de nível hierárquico inferior.

Tem de entrar com um livro branco, cheio de ideias para influenciar positivamente a produtividade e a rentabilidade dos seus potenciais clientes. Tem de entrar com um artigo que acabou de escrever para a publicação do sector de actividade deles. Tem de entrar com informações cruciais. Informações que não interessam à pessoa de nível hierárquico inferior, mas que são determinantes para a pessoa de nível hierárquico superior.

As pessoas de nível hierárquico superior querem ter lucro. As pessoas de nível hierárquico inferior insistem em poupar dinheiro.

NOTA IMPORTANTE: Não engane a pessoa de nível hierárquico inferior (embora seja bastante tentador). Diga apenas que tem informações que considera cruciais para a pessoa de nível hierárquico superior e que queria apresentá-las pessoalmente. Quando se encontrar com a pessoa de nível hierárquico superior, feche a venda o mais rápido que puder, porque garanto-lhe que o "queixinhas" de nível hierárquico inferior fará tudo o que puder para lhe estragar a festa.

Qual é a melhor forma de fornecer informações a um potencial cliente?

RESPOSTA: Apresente-lhe uma ideia que o ajuda a desenvolver o seu negócio.

O que é que estava a pensar? Pensava que lhe ia dizer como distribuir os seus folhetos informativos, que são uma perda de tempo?

CORAGEM DE VENDAS: Se vai enviar o seu folheto informativo, envie-o num caixote do lixo. Poupe tempo ao potencial cliente. Certifique-se de que tem o seu logótipo impresso na parte exterior do caixote do lixo.

Escreva um pequeno bilhete ao cliente a dizer: "Você ia deitá-lo para o lixo de qualquer modo, por isso poupei-lhe trabalho e deitei-o para o lixo por si. Com sorte, tratará toda a gente da mesma maneira e também deitará os folhetos da concorrência para aqui."

Continue o bilhete dizendo: "Tenho umas ideias que gostaria de lhe apresentar e que tenho a certeza de que não vai querer deitar fora. E gostaria de ter 15 ou 20 minutos do seu tempo para poder partilhá-las consigo."

A MELHOR forma de fornecer informações a um potencial cliente é tornar essas informações "imprescindíveis de ler" assim que forem recebidas.

Qual é a melhor forma de passar pelo "guardião"?

O "guardião", aquele por quem todos nas vendas têm de passar para entrar numa empresa e possivelmente encontrar um decisor, é um dos maiores obstáculos nas vendas. E a razão é que os vendedores pensam que são mais espertos do que o "guardião" — quando na realidade é o contrário.

Esse "guardião" já ouviu todos os argumentos de vendas existentes. Dez vezes. E consegue cheirar uma "doninha das vendas" antes de ela chegar à porta. Também sabe quando está a ser sincero ou não e não irá tolerar uma atitude condescendente, nem um sabichão impaciente.

Como é que sei que é assim? Nos meus primeiros anos de vendas, fez parte da minha aprendizagem com os erros.

Eu tenho 10,5 ideias sobre o que pode fazer para passar pelo "guardião":

1. Saiba o nome do decisor antes de telefonar.

2. Tenha uma resposta para: "Está relacionado com o quê?" A minha resposta padrão há anos tem sido: "É um assunto de negócios de natureza pessoal."

3. Seja simpático.

4. Peça ajuda (Qual a melhor altura? Normalmente, quando é que ele…)

5. Seja sincero.

6. Não utilize tácticas de venda desactualizadas.

7. Se possível, diga a verdade.

8. Tenha uma razão muito boa para telefonar para além de querer vender alguma coisa.

9. Envie uma saudação por *e-mail* antes de fazer o telefonema. (Sim, isto pode ser um pouco difícil porque não sabe qual o endereço de *e-mail*, mas pode sempre telefonar a alguém e perguntar, ou envie simplesmente um fax.)

10. Seja original. Se não der a volta às suas palavras e se não fizer o "guardião" pensar "Uau, este tipo é diferente", será relegado para a habitual lista de desculpas que os "guardiões" são contratados para dar. ("Ele está numa reunião." "Ele não recebe ninguém sem hora marcada.") Está a perceber, o habitual.

10,5. Já ouviram isso antes. Seja qual for o tipo de estratagema que esteja a pensar usar. Seja qual for o tipo de argumento enganoso que esteja a pensar utilizar. Posso garantir-lhe que o guardião irá pressenti-lo e que o deitará fora como um peixe de três dias.

Tenha atenção que os chefes muitas vezes perguntam aos "guardiões" o que eles pensam sobre os vendedores. A opinião dos "guardiões" determinará frequentemente o seu destino.

RESPOSTA FINAL: A experiência de passar pelo "guardião" tem de ser positiva. Se não for, não duvide que este anunciará a sua presença ao chefe dizendo: "Tem um vendedor idiota na linha três."

Qual é a melhor forma de obter informações sobre um potencial cliente antes de uma reunião de vendas?

A forma mais rápida, mais precisa e melhor de conseguir informações sobre um cliente encontra-se na Internet.

1. Visite o *website* do cliente. Imprima algumas das páginas mais importantes para mais tarde. Leia-as. Tire notas.

2. Vá a www.google.com. Pesquise o nome da empresa que vai contactar. O Google (ou um motor de pesquisa semelhante como www.dogpile.com) irá conduzi-lo a informações sobre a empresa.

3. Poderá até ver os arquivos do *Business Journal*. (www.bizjournal.com) Faça uma pesquisa rápida com o nome da empresa.

4. Pesquise no Google o nome daquele com quem se vai reunir. Se não aparecerem ocorrências, poderá pesquisar pelo nome da mãe ou do pai. Se não conseguir encontrar nada sobre aquele com quem se vai reunir, volte ao *website* dele e descubra o nome do chefe. É com ele que se *devia* reunir. Faça uma pesquisa. Imprima a página da biografia dele. Leia todos os folhetos informativos e assinale algumas partes, aponte ideias e anote algumas perguntas que quererá fazer em resultado das informações que acabou de encontrar.

Quando o cliente percebe que se deu ao trabalho de visitar o seu *website* e que imprimiu páginas com informações pertinentes, o nível de respeito dele por si aumentará mil por cento.

Ficará imediatamente interessado em si, porque se interessou previamente por ele.

RESPOSTA FINAL:

Tudo o que precisa de saber
sobre um cliente já foi
escrito por ele ou sobre ele.
E encontra-se na Internet.
Tudo o que tem a fazer é descobri-lo.
E usá-lo.

Qual é a melhor forma de marcar uma reunião?

MELHOR FORMA: Pessoalmente.

SEGUNDA MELHOR FORMA: Pelo telefone, através do assistente administrativo. (Isso significa que se vai reunir com um "manda-chuva".)

TERCEIRA MELHOR FORMA: Via *e-mail*.

Bem, em vez de falar monotonamente sobre métodos tradicionais, vamos ser ambiciosos. Eis como conseguir reunir-se com o CEO oito em cada dez vezes. *Mas* isso significa muito trabalho. *Mas* você irá conseguir.

RESPOSTA DE CORAGEM DE VENDAS: Usando a Segunda Melhor Forma (o telefone) — diga ao assistente do CEO que quer entrevistar o chefe para uma *e-zine** sobre liderança que elabora todos os meses. Diga que a *newsletter* é enviada para cinco mil pessoas influentes. Diga ao assistente que gostaria de saber quando é uma boa altura para realizar uma entrevista de 30 minutos — e que levará um fotógrafo. O assistente não saberá minimamente o que fazer! Mas garanto-lhe que este método funciona entre 80 e 100 por cento das vezes.

PROBLEMA MENOR: Tem de ter a *e-zine* e a *mailing list* primeiro. A boa notícia é que isto faz parte de ser o melhor. Lê a minha *e-zine* semanal via *e-mail*, a *Sales Caffeine*? Eu leio a sua?

---

* **N. T.** Revista publicada *on-line* ou distribuída por *e-mail* aos assinantes.

Esta abordagem irá transformá-lo num vencedor imediato aos olhos do cliente, tornará muito fácil a marcação de reuniões com o "manda-chuva" e irá confirmá-lo como um líder.

RESPOSTA FINAL: Quando estiver na entrevista não promova o seu produto — e fale de si apenas se ele perguntar. Partilhe o valor que facultou a outros. Tente marcar outra reunião para voltar e promover os seus produtos *depois* de o artigo que escreveu sobre ele ter sido publicado.

VITÓRIA FINAL: Quando o chefe receber a sua *e-zine* com a fotografia e filosofia de liderança dele, a quem pensa que ele a vai reenviar? Correcto! A todos e mais alguns.

Como posso descobrir quem é o verdadeiro decisor?

A RESPOSTA BREVE É: Comece pelo chefe principal. Por vezes é designado por "dono". Outras vezes é chamado CEO e, eufemisticamente, "a pessoa que puxa o gatilho". *O decisor.*

Muitas vezes, os vendedores começam muito por baixo e têm de implorar ou arrastar-se para subirem ao longo da hierarquia. Recebo *e-mails* a toda a hora a perguntar: "Como posso contornar alguém de um nível hierárquico inferior?" E a resposta é: não comece por aí.

Por que razão haveria de começar por alguém que não pode decidir?

O segredo é chegar àqueles que estão no nível hierárquico mais elevado possível. Pode descobrir ao certo quem são quando visita os respectivos *websites* ou através de uma ferramenta de pesquisa como a da Hoover. Isto permitir-lhe-á saber quem são.

E depois a pergunta é: Eles conhecem-no? Porque, se não o conhecerem, é menos provável que compreendam que tem "valor suficiente" para se reunirem consigo.

Aqui estão três formas rápidas de se tornar conhecido:

1. **Escreva um artigo que poderão ler.**
2. **Faça um discurso que poderão ouvir.** O local mais simples é nas reuniões da sua associação.
3. **Invente uma forma de os entrevistar para um artigo que escreveria sobre eles.** Algo sobre liderança ou filosofia empresarial.

CUIDADO: Não é fácil. Estou a dar-lhe respostas que podem demorar anos até serem perfeitas. Mas assim que o conseguir, estará para sempre numa posição de liderança e criará para sempre a lei de atracção por si.

> O segredo não é
> "telefonar ao decisor".
> O segredo é "fazer com que
> o decisor lhe telefone a si".

RESPOSTA FINAL: O primeiro segredo para o sucesso é conseguir estar em frente ao verdadeiro decisor com uma mensagem de valor. Algo que escreveu. A escrita fá-lo parecer inteligente — e dá-lhe valor. Milhões irão ler esta resposta. Alguns poderão até querer telefonar-me quando acabarem de ler esta resposta, porque querem que os seus vendedores telefonem a mais decisores e menos agentes de compras. Um deles poderá até ser você. O meu número é o (001) 704 333 1112. Estarei à espera.

O que fazer quando o potencial cliente não aparece para uma reunião?

Quantas vezes marcou uma reunião com um cliente ou potencial cliente e quando chegou disseram-lhe que eles não estavam disponíveis ou que surgiu um imprevisto? Bolas!

Talvez:

1. Se tenha esquecido.
2. Algo inevitável tenha acontecido.
3. Estivesse ele próprio a fazer uma venda.
4. Não fosse importante — enquanto fornecedor.
5. Não exista uma necessidade perceptível— ou uma necessidade demonstrada — para a sua presença.
6. Não tenha criado interesse suficiente.
7. O potencial cliente não respeite os vendedores.
8. O potencial cliente seja um idiota e mal-educado.
8,5. Tenha considerado de pouco ou nenhum valor ter uma reunião consigo.

Para além de praguejar silenciosamente e de morder a língua, qual é a melhor forma de reagir?

Quando os potenciais clientes não aparecem, tem uma posição de poder. Leve a falta de comparência a sério, mas não a leve a peito.

Não deixe isso influenciar a sua atitude. Não fique zangado. Não diga coisas estúpidas. Não destrua uma relação já estabelecida. Muitos vendedores têm uma postura arrogante e perdem o respeito do comprador — e a possibilidade da encomenda. Não seja assim. A oportunidade da falta de comparência funciona melhor quando é implementada imediatamente. Faça o *follow-up* de imediato com esta estratégia:

- **Culpe-se a si primeiro.** Tente ajudá-lo a salvar a honra. Comece por dizer que se deve ter enganado na hora e no local da reunião, pois de outro modo ele teria estado presente (especialmente se a reunião foi confirmada). Retire-lhe qualquer culpa.

- **Faça de conta que não há qualquer problema.** Mas faça-o sentir o mais culpado que conseguir.

- **Oiça as desculpas patéticas dele com compreensão.** Depois de ouvir as desculpas do cliente, peça para marcar outra reunião o mais rápido possível.

- **Marque a próxima reunião da forma que lhe for mais vantajosa.** Tente que a reunião seja no seu escritório ou num local neutro. (Um restaurante é o melhor.)

- **Combine as regras básicas em caso de uma nova mudança.** Informe-o de que, se algum imprevisto surgir, um telefonema seria bem-vindo.

RESPOSTA FINAL: Se o potencial cliente não aparecer, transforme isso em algo positivo. O seu objectivo é fazer a venda — não uma cena. Se quiser que o potencial cliente apareça da *primeira* vez, certifique-se de que existe valor para ele. Se quiser que apareça da *segunda* vez, certifique-se de que tem para lhe dar algo de valor. Entende?

Não há valor — não há comparência.

O que fazer quando o potencial cliente mente?

Compreenda por que é que mentiu. Descubra se é uma mentira sobre dinheiro ou sobre negócios. Mas entenda que todas as mentiras são más. Algumas são apenas piores do que outras. A maioria das mentiras que os potenciais clientes lhe irão contar está relacionada com dinheiro que o "compara com os outros". Mentiras como: Consegue igualar este preço? Eles conseguem fazer mais do que você. Eles disseram que incluíam o custo do transporte. Eles disseram que entregavam mais depressa.

São todas mentiras que não fomentam o estabelecimento de relações. Se quiser fazer negócio com mentirosos, a escolha é sua. Mas posso dizer-lhe que, se alguém mentir sobre alguma coisa — o mais certo é que minta também sobre outras coisas. Como: Perdi a factura. Já enviei o cheque. Pensava que você tinha dito… Não foi isso que acordámos. E por aí em diante.

A melhor maneira de fazer negócio com um mentiroso é confrontá-lo com a verdade. Diga-lhe que faz negócio enquanto parceiro e não como vendedor. Se ele realmente quiser fazer negócio consigo, alguns dólares de custo do transporte, ou uns cêntimos de desconto no preço, são insignificantes em comparação com o valor do seu produto, com a exactidão da entrega e com o serviço pós-venda.

CORAGEM DE VENDAS: Se o seu cliente mentiroso ainda não conseguir compreender, diga-lhe que poderá não ser a melhor escolha para fazer negócio e que pensa que tem alguém que pode ser mais útil para ele. Depois, encaminhe-o para o concorrente que mais detesta.

RESPOSTA FINAL: Se ele mentir uma vez, mentirá duas vezes. Tenha cuidado com a "cobra" com que se deita, pois poderá acordar mordido.

Quais são as perguntas que estou a fazer aos meus potenciais e actuais clientes que a concorrência não faz?

Provavelmente está a fazer perguntas estúpidas como: "O que é importante para si?" "O que é que não o deixa dormir de noite?" "Quem é o seu fornecedor neste momento?" "Tem um orçamento?" "Tem um contrato?" e outras perguntas imbecis acerca da carteira deles que — na minha opinião — não lhe dizem respeito. Eu sem dúvida que lhe diria isso se me perguntasse.

O segredo de fazer perguntas consiste na sua capacidade de se distinguir daqueles que o antecederam. O que pode perguntar que ninguém o tenha já feito? O que pode perguntar que o faça parecer mais inteligente e melhor do que a concorrência? O que pode perguntar que faça o seu cliente parar para pensar, ter em consideração novas informações e responder-lhe?

> No centro do seu sucesso empresarial estão as suas perguntas diferenciadoras.

A forma mais fácil de arranjar algumas perguntas é olhar para o seu produto ou serviço do ponto de vista de um proprietário e não do ponto de vista de um comprador. "Sr. Jones, depois de comprar este carro, qual é o primeiro sítio para onde vai com ele?" ou "A quem é que o vai mostrar primeiro?" ou "Para onde é que vai na sua primeira viagem de família?" Estas perguntas são excelentes e também fazem o potencial cliente pensar em função de "Eu já sou dono dele."

De seguida, pense no historial do cliente ou no actual conhecimento que ele tem do seu produto ou serviço e faça perguntas que recorram à experiência e competências dele. Comece as perguntas com expressões como: "Como é que descobriu…?" ou "Qual tem sido a sua experiência…" ou "Na sua opinião…"

Demasiados vendedores (não você, é claro) falam monotonamente sobre o seu produto sem nunca saberem qual a opinião do cliente e é esse tipo de ignorância que permite à concorrência entrar no mercado e vencê-lo. Não com o preço. Mas com perguntas.

GARANTIA PESSOAL:

Garanto-lhe que mais vendas são perdidas com perguntas fracas e devido a uma capacidade fraca de fazer vendas do que por causa de preços mais baixos.

COMECE AQUI: Faça uma lista das dez perguntas que pensa serem as mais eficazes. E assinale as que considere provável que a sua concorrência também esteja a fazer. Não fique desencorajado se assinalar oito das dez perguntas (e se as duas outras forem um "talvez").

Agora faça outra lista, e mais uma, e outra, até começar a desenvolver perguntas perspicazes, inteligentes e emocionalmente cativantes que, além de o diferenciarem da concorrência, também a arrasam.

Por que é que os últimos cinco potenciais clientes disseram que não? O que estou a fazer em relação a isto?

Na maioria das vezes, quando um potencial cliente diz "não" os vendedores aceitam e vão-se embora. Na maior parte das vezes, quando um potencial cliente lhe diz por que é que disse que não, não está a dizer a verdade.

A principal causa de rejeição nas vendas presente na mente do vendedor é: "O meu preço era demasiado elevado." É também a desculpa mais fácil para o comprador dar de forma a fazer com que o vendedor se vá embora.

Além do preço, existem 5,5 grandes razões para ter perdido a venda:

1. O cliente achou que não era a melhor escolha.

2. O cliente teve uma experiência no passado que não gostou.

3. O cliente tem uma relação pessoal com outro vendedor. E para sua informação — o preço não é um factor de escolha quando existe uma relação pessoal.

4. Não mostrou qualquer diferença entre o seu produto ou serviço e o produto ou serviço dos outros, por isso o preço é tudo o que resta.

5. Não exemplificou ao cliente como pode beneficiar mais ou produzir mais em resultado de optar pelos seus produtos ou serviços. Quando não existe valor, o preço é tudo o que resta.

5,5. Tentou fazer a venda sozinho. Sejamos realistas, ainda não é muito bom nisto. Por que é que não leva consigo um cliente como testemunho para provar que o que diz é verdade? Por que é que não leva consigo um cliente como testemunho para provar que o preço não importa? Por que é que não leva consigo um cliente como testemunho para provar que é quem diz ser?

RESPOSTA FINAL: Combine as razões por que perdeu as últimas cinco vendas, e como fez as últimas cinco vendas, e acrescente testemunhos à mistura. O conhecimento que isso acrescenta ao seu poder de venda põe de lado por completo a objecção de preço.

> "Já sabe como fazer todas as vendas, apenas não está a usar o seu próprio poder de venda."
>
> —*Jeffrey Gitomer*

Por que é que os últimos dez potenciais clientes disseram que sim? Como estou a progredir com base nisso?

As últimas dez vendas irão mostrar-lhe a décima primeira. Assimile e repita os seus hábitos de sucesso. É um conceito simples. Tão simples que nunca é utilizado.

Os vendedores (você incluído) continuam a enfrentar as mesmas batalhas venda após venda. O preço é demasiado elevado, não lhe consigo marcar uma reunião, estamos satisfeitos com o actual fornecedor, estamos a analisar três licitações, não consegue chegar ao decisor, blá, blá, blá.

Tenho uma ideia para si. Estude história. Não, não é história norte-americana. Não lhe interessa quem foi o vice-presidente de Franklin Pierce, pois não?

Estude a sua própria história. A sua história de vendas. Volte às:

- ★ Suas últimas dez *leads*.
- ★ Suas últimas dez reuniões.
- ★ Suas últimas dez visitas de vendas.
- ★ Suas últimas dez vendas.
- ★ Suas últimas dez vendas repetidas.
- ★ Suas últimas dez recomendações.
- ★ Suas últimas dez vendas perdidas.
- ★ Suas últimas dez chamadas de assistência.

- ★ Suas últimas dez queixas de clientes.
- ★ Seus últimos dez clientes perdidos.
- ★ Seus últimos dez testemunhos.

Já tem história suficiente para prever o futuro. Na realidade, é história suficiente para *alterar* o futuro. O seu futuro. É informação suficiente para curar todos os seus males e duplicar as suas vendas.

OK, talvez precise de fazer a lista com 25 de cada, mas isso soa a trabalho. E os vendedores não estão dispostos a fazer o trabalho difícil que torna as vendas fáceis. Dez parece ser um número mais praticável. Comece por aí.

Sem dúvida, este conceito abriu-me os olhos para a probabilidade de fazer vendas futuras ao estudar o historial de vendas. É uma estratégia que pode implementar. E com a qual pode conseguir mais vendas.

PENSAMENTO MAIS PROFUNDO: Depois de fazer a si próprio as perguntas superficiais, coloque perguntas mais profundas com um "porquê" e faça uma lista com as respostas. A intenção desta lista é identificar a tendência e descobrir como eliminar os erros, poupar tempo e dinheiro, evitar que os problemas ocorram de novo e concentrar a sua energia no que tem tido sucesso. UAU!

Por que é que não fez isto antes? É tão óbvio que o ignorou. Eu também.

Dica Red✦Bit Gratuita: Quer aprender mais sobre como fazer perguntas relativamente às suas últimas dez vendas? Vá a www.gitomer.com, registe-se se for um novo utilizador e escreva as palavras LAST TEN no espaço RedBit.

PARTE TRÊS
Como vencer a batalha e a guerra das vendas

O CLIENTE ESTAVA ENGANADO E EU PROVEI-O.

SIM, E TUDO O QUE LHE CUSTOU FOI A VENDA.

Qual é a melhor forma de abordar uma venda?

Sou contra todos os sistemas de venda. Tal como todos os vendedores o são. Mas sou contra sistemas de venda porque são todos manipuladores. São todos baseados no "eu". São todos demasiado rígidos. E o pior é que obrigam o vendedor a pensar: "Onde é que estou no sistema?" *vs.* "Como é que estou a ajudar esta pessoa no seu desejo de comprar o que eu tenho?"

Então, o que é que o vendedor deve fazer? **Desenvolver uma estratégia, desenvolver uma abordagem e desenvolver a capacidade de envolver o outro de uma forma que conquiste o seu interesse — portanto, não tem de se preocupar com um sistema. Desenvolva uma *estrutura* — não um sistema. Desenvolva uma *estratégia* — não um sistema.**

Se pensar na ordem lógica e sequencial de uma estrutura de vendas, ela implica:

- **Estabelecer uma relação.**
- **Marcar uma reunião.**
- **Preparar-se para a venda.**
- **Cativar o potencial cliente de uma forma que conquiste o seu interesse.**
- **Provar o valor da sua oferta.**
- **Chegar a algum tipo de acordo.**
- **Fazer a entrega.**
- **Prestar assistência.**
- **Criar um ambiente tão extraordinário que o cliente é levado a fazer-lhe uma compra outra vez, a encaminhar outros para si e a falar positivamente sobre si no mercado.**

Domine estes elementos e o mundo será a sua comissão.

Isto parece bastante simples, não é? Acrescente apenas duas palavras a esta fórmula e tornar-se-á um multimilionário. Já adivinhou as duas palavras? São duas palavras que a maioria dos vendedores não gosta de ouvir: TRABALHO ÁRDUO.

Nenhum vendedor de muito sucesso se torna um vendedor de muito sucesso sem trabalho extremamente árduo.

Deixe-me avançar mais um passo neste processo. O processo da abordagem, da estratégia e da estrutura é influenciado pela filosofia. A sua filosofia irá determinar a sua estrutura. O modo como pensa, o que pensa e como vive as práticas da sua vida de vendas irão reflectir-se na sua filosofia.

A minha filosofia de vendas é:

1. Apresento valor primeiro.
2. Ajudo outras pessoas.
3. Esforço-me por fazer o meu melhor em algo de que gosto.
4. Estabeleço relações duradouras com todos.
5. Divirto-me — e divirto-me todos os dias.

Esta filosofia preparou o terreno para o meu sucesso. Viver a minha filosofia faz de mim um melhor vendedor — e uma pessoa melhor. Você tem uma filosofia? Tem uma estrutura? Crie as duas e conseguirá preparar o terreno para um salto quântico para a frente. Ou pode deixar-se ficar no seu sistema.

Quais são as duas perguntas mais eficazes nas vendas?

A SEGUNDA MAIS EFICAZ: *"Sr. Jones, quando se compra (inserir produto aqui), quais são os três maiores erros que se cometem?"*

O medo de perder é maior do que o desejo de ganhar. As pessoas não querem cometer erros, especialmente numa grande compra.

Existem variações desta pergunta. Pode substituir por "três maiores oportunidades" ou "três maiores razões." O importante é criar uma discrepância entre você e o provável comprador. Faça uma pergunta para a qual saiba a resposta (e ele não).

A MAIS EFICAZ: *"Sr. Jones, quando eu refiro* (inserir aqui o seu produto, a sua empresa ou qualquer coisa sobre a qual queira uma opinião), *que palavra lhe vem à ideia?"*

Exemplo: "Sr. Jones, quando eu digo 'fotocopiadora' que palavra lhe vem à ideia?" O Sr. Jones responde: "Péssimo serviço!" Você diz: "Sr. Jones, isso são duas palavras, eu queria uma palavra."

Esta é a pergunta mais eficaz porque além de lhe indicar a primeira coisa ou marca que vem à memória quando se menciona um determinado produto (um assunto que provoca fortes reacções dos clientes), também lhe indica a atitude do cliente em relação a ela.

CUIDADO: Ambas as questões exigem mestria. Quase lhe posso garantir que, na primeira dezena de vezes que as utilizar, elas não irão produzir os resultados que estava à espera. Mas também lhe posso garantir que FUNCIONAM!

Quais são as três perguntas mais tolas nas vendas?

A TERCEIRA MAIS TOLA: *"Alguma vez ouviu falar de nós?"* Se tiver de fazer esta pergunta, significa que provavelmente está a tentar certificar-se de que o seu potencial cliente não teve uma má experiência ou que não tem conhecimento de algo desagradável sobre si. A sua reputação, em geral, chega antes de si. Se aconteceu alguma coisa de desagradável no passado, o seu potencial cliente irá falar nisso. Se tiver de fazer esta pergunta provavelmente é porque, de qualquer modo, não é muito conhecido.

A SEGUNDA MAIS TOLA: *"Pode falar-me um pouco sobre a sua empresa?"* Esta pergunta significa que foi demasiado preguiçoso ou é demasiado estúpido para ir à Internet e informar-se sobre a empresa. Não faça perguntas que poderia ter ido à Internet descobrir a resposta. Quando obriga os clientes a responderem a perguntas já conhecidas, eles ficam aborrecidos e afastam-se. E possivelmente isso influenciará negativamente a opinião que têm de si.

E agora a mãe de toda a estupidez...

A PERGUNTA MAIS TOLA NAS VENDAS: (Deve saber a resposta, pois está sempre a colocá-la.) *"O que será preciso para conseguir fazer negócio consigo?"* É provável que tenha feito esta pergunta dezenas de vezes. E tudo o que está a perguntar ao potencial cliente é: "Por quanto tempo é que quer que "baixe as calças", oh, quero dizer, o preço, para conseguir esta encomenda?"

Agora deixe-me fazer-lhe uma pergunta. Está na área das vendas há mais de uma semana? *Sabe* o que é preciso para garantir este negócio? E não seria mil vezes melhor para si chegar a uma visita de vendas e dizer: "Sr. Jones, estive a falar com os seus colaboradores, com os seus clientes e com os seus vendedores, e acredito ter descoberto *exactamente* o que é preciso para garantir que façamos negócio. Vou apresentar-lhe algumas ideias e tudo o que peço é que, se lhe agradarem, concretizamos o negócio. Concorda?"

Se chegar e *perguntar* o que será preciso para garantir o negócio, sairá de mãos vazias ou conseguirá a encomenda mas nenhum lucro. De qualquer forma, será um perdedor.

Se chegar já **a saber** o que vai ser preciso para garantir o negócio, é provável que saia com a encomenda.

GRANDE SEGREDO:

"Saber o que será preciso" para garantir o negócio é uma das técnicas menos utilizadas e mais eficazes de conseguir novos negócios. O seu dever não é usar esta técnica. O seu dever é dominá-la.

Qual é a melhor forma de controlar uma conversa telefónica?

Duas palavras: **Faça perguntas.**

Quem faz a pergunta tem o controlo. Se fizer uma afirmação, complemente-a com uma pergunta. A parte boa é que esta resposta tem duas vantagens.

VANTAGEM 1: Você tem o controlo.
VANTAGEM 2: Quem lhe responde está a dar-lhe informações de valor de que precisa para fazer a venda e construir a relação.

A minha crença pessoal é que, se fizer as perguntas certas em quantidade suficiente, não terá de fazer muitas afirmações.

Dizer é vender.
Perguntar é comprar.

Se me conhece, conhece o meu lema sobre vendas:
As pessoas não gostam que lhes vendam, mas adoram comprar.

Vamos voltar ao controlo por uns momentos. Assim que souber o segredo (fazer perguntas significa controlo telefónico), pode fazer o que é conhecido como "controlo oscilante"* Pode falar sem parar, até pode deixar que o potencial cliente faça algumas perguntas, mas tem de saber sempre que pode assumir de novo o controlo com uma única pergunta.

---

* **N.T.** No original, *dangle control.*

NOTA: Pelo telefone, gosto de fazer perguntas provocatórias que fazem pensar e que fazem com que o cliente se sinta bem, mas também mentalmente desafiado. Faço perguntas que começam com "Qual tem sido a sua experiência…?" ou "Como é que isto o tem ajudado a ter lucros?" ou "Tem usado com sucesso…?". Isto dá a quem está do outro lado a hipótese de pensar e de se sentir desafiado, não provocado nem irritado.

Consulte o potencial cliente sobre a sua sabedoria.

O controlo por telefone não é importante, é crucial. O controlo do telefonema leva ao controlo da venda. O controlo da venda leva ao controlo da carteira. Da sua carteira.

"PARA FAZER UMA ENCOMENDA IMEDIATAMENTE E POUPAR-SE A UMA VENDA AGRESSIVA DE 45 MINUTOS, MARQUE 1."

Como posso contornar a objecção de preço? (Mas, afinal, quem levantou a questão do preço?)

A parte boa é que a objecção de preço indica interesse por parte do comprador. Perguntar "Quanto é?" é O MAIOR sinal de compra. Dizer "O seu preço é demasiado alto" é O SEGUNDO MAIOR sinal de compra. O problema é que está tão ansioso por vender, que está disposto a comprometer o preço apenas para "conseguir a venda".

Muitas vezes, os vendedores (não você, é claro) apresentam antecipadamente o seu preço ao potencial cliente. Esta é uma ENORME desvantagem estratégica para o vendedor. Porquê apresentar o preço antecipadamente? Se o potencial cliente estiver interessado, nunca terá a oportunidade de perguntar "quanto custa?". Por que é que os vendedores abrem mão do seu próprio poder?

Bem, descobri uma estratégia que o fará conseguir a venda ao seu preço na maioria das vezes. E é mais fácil do que pensa.

RESPOSTA DE PREÇO QUE ELIMINA "O SEU PREÇO É DEMASIADO ALTO": Se o cliente pergunta quanto custa, responda pedindo permissão para fazer uma pergunta primeiro (uma pergunta qualitativa). Depois faça uma série de perguntas rápidas que levam até uma oferta de preço que assegura a compra.

ESTE É O CONCEITO: Defina necessidade, desejo e estatuto em primeiro lugar. E depois CERTIFIQUE-SE de que o valor é compreendido. Porquê apresentar o preço sem ver qual é o nível de interesse? Assim que conhecer esse nível, tem de estabelecer o valor do produto antes de solicitar a venda.

Tenha um motivo seguro para justificar o preço. Depois diga: "Os nossos preços são justos e inflexíveis." Eu poderia apenas dizer que os nossos preços são "inflexíveis", mas acrescentei "justos" para suavizar o golpe; e depois estabeleça o valor.

Na batalha dos preços, todas as palavras contam. É uma guerra psicológica e que tem em conta acima de tudo o valor percepcionado. Enquanto vendedor, tem de conhecer a psicologia, de saber o "porquê, quanto tempo, o que impediu" da questão. E depois construir o valor que conduza à compra.

DICA: Se o cliente não comprar, a culpa não é dele.

ESTA É A ESTRATÉGIA: Faça perguntas para qualificar a necessidade e o desejo. Faça uma exposição sobre si próprio e sobre o produto que estabelece o preço como final. E quando comunicar o preço, solicite ao mesmo tempo a venda.

ESTA É A LIÇÃO: Os vendedores não são precisos para especificar um preço. São a ponte de ligação entre o preço de venda e a percepção de valor apresentado para conseguir a venda. E tudo começa quando o potencial cliente pergunta: "Quanto custa?"

RESPOSTA FINAL: Não "contorne o preço". Tenha orgulho no seu preço. A ÚNICA MANEIRA CERTA DE SUPERAR "O seu preço é demasiado alto" é usar um ou dois testemunhos de clientes (em vídeo) para o apoiar. Os testemunhos são a MELHOR forma de diminuir a objecção de preço e de conseguir a venda.

Qual é a diferença entre uma protelação e uma objecção?

Duas respostas: Uma protelação é "Quero pensar nisso" ou "Tenho de reunir-me com outras pessoas". Uma objecção é "O seu preço é demasiado alto" ou "Temos um fornecimento satisfatório". Ambas são formas de "empatar" que basicamente dizem: "Ainda não me convenceu."

Talvez pressintam um risco demasiado elevado.

Talvez pensem que conseguem encontrar mais barato noutro lado.

Talvez não acreditem o suficiente em si para avançar.

Talvez não sejam quem toma a decisão.

Não demonstrou valor suficiente. Não demonstrou diferenças suficientes entre si e a concorrência. E certamente não ganhou a confiança do comprador para que invista o dinheiro dele no seu produto ou serviço.

A maioria dos vendedores são suficientemente imprudentes para entender a protelação e a objecção como a verdadeira razão para uma venda não avançar. As objecções ou os obstáculos de qualquer tipo são uma indicação do cliente de que quer comprar; apenas pode não querer comprar a si.

Mesmo que um cliente diga "Não estou interessado" (provavelmente a objecção mais clássica para além de desligar o telefone ou de o expulsar), isso é uma indicação de que não o cativou.

> O essencial é a conversão. Tem de converter a falta de autoconfiança deles, a falta de confiança deles em si e a falta de valor percepcionado numa venda.

RESPOSTA FINAL: Uma protelação é mais fácil de converter. Uma objecção pode dar um pouco mais de trabalho. MAS ambas têm de ser classificadas como a verdadeira razão para os clientes não comprarem logo. Na maioria das vezes são razões falsas. O vendedor competente tem de perguntar por que é que estas objecções estão a acontecer para perceber o verdadeiro obstáculo das vendas.

Dica Red✗Bit Gratuita: Quer saber os segredos para ultrapassar as objecções? Vá a www.gitomer.com, registe-se se for um novo utilizador e escreva a palavra OBJECTION no espaço RedBit.

Como posso impedir que aconteçam objecções?

RESPOSTA: Aborde-as na sua apresentação.

Não teve nenhuma objecção nova desde que começou a sua carreira. Já conhece as dez objecções que o seu cliente lhe vai apresentar.

"Estou satisfeito com o actual fornecedor", "O seu preço é demasiado alto", "A sede da empresa é que trata disso" e outras desculpas esfarrapadas apresentadas pelos clientes *ad nauseam*.

Tem duas opções para evitar uma objecção:

1. Dizer a determinada altura na sua apresentação: "Sabe, Sr. Potencial Cliente, muitos dizem-nos que os nossos preços são demasiado altos antes de se tornarem clientes. Gostaria de partilhar alguns testemunhos consigo antes de aprofundarmos a nossa conversa. Estes são casos que no início pensavam que os nossos preços eram demasiado elevados, mas acabaram por comprar e mantêm-se nossos clientes há anos."

2. Tentar contorná-la. "Sabe Sr. Potencial Cliente, alguns dizem-me que os nossos preços são demasiado altos, mas é porque não compreendem totalmente o valor do nosso produto que, com o tempo, será na realidade mais económico em termos de custos. Demonstrarei isso mais à frente, mas por favor acredite que não seria tão insensato ao ponto de o fazer perder tempo se não tivesse o melhor valor para lhe oferecer."

Qualquer uma destas formas funcionará.

RESPOSTA FINAL:

Pessoalmente, acredito que o testemunho é a ferramenta de vendas mais eficaz que pode ter.

De qualquer modo, o seu dever é identificar as dez objecções mais comuns que recebe, criar as melhores respostas para elas e descobrir como incluí-las na sua apresentação de vendas, para que no final seja mais provável ter uma assinatura num contrato.

EM QUEM É QUE VAI ACREDITAR: NUM PROFISSIONAL DE VENDAS EXPERIENTE E QUALIFICADO COMO EU? OU NUMAS QUANTAS RECLAMAÇÕES DE CLIENTES QUEIXINHAS QUE RECEBERAM O NOSSO PRODUTO E QUE RECLAMARAM POR SE TER DESFEITO EM TRÊS SEMANAS?

Como posso reconhecer os sinais de compra? Qual é o sinal de compra mais importante?

A ligação entre a apresentação e a conclusão são os sinais de compra enviados pelo potencial cliente. Como vendedor profissional o seu dever é reconhecer um sinal de compra e convertê-lo numa venda. Reconhecer é a parte difícil.

Reconhecer sinais de compra é uma das áreas de "arte" na ciência de vender. Ouça os clientes. Eles irão transmitir-lhe alguns sinais. À medida que faz a sua apresentação, o comprador irá fazer gestos, colocar perguntas, mexer no seu produto ou, de alguma forma, comunicar que está inclinado a comprar. Quando ouvir um sinal de compra, é o seu sinal para que solicite a venda.

PRINCÍPIO BÁSICO: Qualquer pergunta feita pelo potencial cliente tem de ser considerada um sinal de compra.

O SINAL DE COMPRA MAIS FORTE é quando o potencial cliente pergunta: "Quanto custa?" Significa que provocou interesse suficiente para pôr o potencial cliente a pensar sobre "ser proprietário" e a querer saber se lhe é acessível em termos de preço.

Dica Red✖Bit Gratuita: Quer saber quais os 21,5 sinais de compra a identificar? Vá a www.gitomer.com, registe-se se for um novo utilizador e escreva a palavra SIGNALS no espaço RedBit.

Qual é a melhor altura e a melhor forma de solicitar a venda?

Para conseguir a venda — tem de a solicitar! "Sim, Jeffrey", diz você, "mas *quando* é que se solicita? Qual é a altura perfeita para perguntar?"

Como posso saber? Ninguém sabe para além de você. Apenas lhe posso dizer que é uma combinação delicada dos sinais de compra do potencial cliente e do seu instinto.

É mais fácil definir *como perguntar* e *o que perguntar* do que *quando perguntar*. Visto que "solicitar" é uma parte crítica da venda, é melhor estar preparado com uma série de opções para a parte do "como" e "o quê".

NOTA IMPORTANTE: Eis o que *nunca* perguntar: "O que preciso de fazer para garantir este negócio?" ou "O que é preciso para conquistar este negócio?" Estas são perguntas insultuosas. Os grandes vendedores descobrem o que é preciso fazer e depois fazem-no.

NOTA AINDA MAIS IMPORTANTE: Muitos vendedores sentem-se "relutantes em perguntar". Eu designo-os por "cobardes de vendas". Se este for o seu caso, entenda que o pior que pode acontecer quando solicita é o potencial cliente dizer "não" — o que para qualquer bom vendedor significa "ainda não"! Grande coisa.

Como é que se solicita a venda? Aqui estão 7,5 formas de o fazer:

1. Pergunte — Qual é o risco? Quando pergunta ao potencial cliente quais são os riscos associados à concretização de um negócio consigo, surgem verdadeiras objecções — ou — (e esta é a melhor parte) geralmente ninguém se lembra de nenhuma. Você diz "Bem, Sr. Johnson, quando é que gostaria de começar a não correr riscos?" e a venda é sua.

2. Pergunte — Quando é o próximo negócio? Se estiver a fazer uma venda onde existem muitas oportunidades (impressora, material de escritório, trabalho temporário, construção, *design* gráfico), só precisa de conseguir um negócio (encomenda) para provar o que vale.

3. Solicite um compromisso indirecto. Será que poderia organizar a sua agenda para estar presente na entrega? Quantos irão precisar de formação? Podemos prepará-la?

4. Pergunte — O que o está a impedir? Está algo a impedi-lo de fazer negócio connosco? O que é que está a bloquear o caminho? Quais são os obstáculos?

5. Se existir algum obstáculo ou objecção. **Pergunte — É essa a única razão?** Por outras palavras, Sr. Johnson, se não fosse (a objecção) poderíamos então avançar?

6. Solicite ou comunique de forma criativa. Vá à "loja dos 300" (isto praticamente diz a minha idade, não diz) e compre uma vedação* de plástico e uns bonecos de plástico (borracha). Ate à vedação o boneco que mais se parecer com (ou que não seja ofensivo para) o potencial cliente. Envie tudo numa caixa para o potencial cliente — e inclua um folheto com a frase "Semana Nacional da Tomada de Decisões"**. Diga ao potencial cliente que ele já anda a pensar

---

* **N. T.** No original, *fence*. A expressão *sit on the fence* ("estar sentado na vedação") significa adiar tomar uma decisão.

** **N. T.** No original, *National Get Off the Fence Week* ("Semana Nacional da Saída da Vedação"). A expressão significa sair de um estado de indecisão e finalmente tomar uma decisão.

no assunto há tempo suficiente — e que melhor altura para tomar uma decisão e fazer uma encomenda do que durante esta semana especial de celebração? Diga-lhe que estará a ajudar vendedores desfavorecidos de todo o mundo ao tomar uma decisão e ao fazer uma encomenda. Faça humor. Divirta-se. Faça algumas vendas.

7. Faça uma oferta tão boa que pode acabar a perguntar: "Parece-lhe justo?" "Sr. Johnson, não sei se o poderemos ajudar, a não ser que leve os seus exemplos mais importantes para um almoço na sexta-feira — se o puder ajudar, digo-lhe qualquer coisa. E se não o puder ajudar, também lhe digo. Parece-lhe justo?" Aqui está outra: "Sr. Johnson, aceite fazer um pedido experimental e deixe-me conquistar o seu negócio. Se não for o que digo ser e ainda mais, não terá de pagar nada. Parece-lhe justo?" ("Parece-lhe justo" deve ser sempre acompanhado por "negócio que não se pode recusar.")

E quando tudo o resto falha:

7,5. Solicite com humor. "Sr. Johnson, finalmente descobri o que é preciso para fazer negócio consigo — e tudo o que o senhor tem de fazer é dizer sim!" O vendedor mais aventureiro acrescentará — "Quando gostaria de o fazer?"

A NOTA MAIS IMPORTANTE: Pergunte sobre a venda quando o ambiente for o adequado. O pior local possível é no escritório do potencial cliente. O melhor é um pequeno-almoço, almoço ou jantar de negócios. Logo a seguir, é o seu escritório. Logo a seguir, uma feira comercial.

RESPOSTA FINAL: O segredo é solicitar a venda de um modo sincero e amável. Não intimide nem pressione. O princípio básico é: pergunte cedo e com frequência. A melhor forma de dominar esta competência é — praticar à frente de alguém que consegue dizer "sim."

Como é que os compradores decidem e o que procuram?

Os compradores estão à procura de 4,5 coisas:

1. Uma diferença visível entre o seu produto e serviço e o que é oferecido pela sua concorrência.

2. Melhor entendimento do valor ao comprar o que você tem *versus* comprar a um concorrente. Repare que não disse preço mais baixo, eu disse valor percepcionado.

3. Risco baixo ou nenhum risco ao fazer-lhe uma compra. O comprador tem de ter a percepção de que os benefícios de ser proprietário são maiores do que o risco de comprar o produto errado.

4. O comprador tem de gostar de si, acreditar em si e ter confiança em si. Mas tudo *começa* com o gostar de si.

4,5. O preço mais baixo. Muitas pessoas (talvez até você) pensarão que lhes fiz um mau serviço ao não me concentrar nas cedências de preço ou em como ganhar uma licitação.

Mas se apresentar os primeiros quatro elementos acima apontados, o factor preço desaparecerá em 60-70 por cento das vendas que faz.

RESPOSTA FINAL: Os compradores e os decisores procuram "conforto", não apenas um "negócio". O decisor tem de sentir que é um negócio adequado para a empresa ou recusará independentemente do preço. O decisor irá igualmente ter em conta negócios anteriores e o "passa palavra". Todos os compradores e decisores em qualquer actividade se conhecem uns aos outros. O seu dever, para além de ter um óptimo produto, é ter uma óptima reputação. Ter uma óptima reputação reduz o risco percepcionado e muitas vezes é o próprio segredo para conseguir a encomenda.

PARTE QUATRO
Construção de competências de vendas... um "tijolo" de cada vez

Por que é que os compradores não respondem aos meus telefonemas? Como posso conseguir que isso aconteça?

Devo deixar uma mensagem ou não? É uma boa pergunta, não é? Porque por vezes deixa uma mensagem (e eu sei que isto é uma surpresa) e não lhe telefonam de volta. Bolas.

Esta derrota tem tendência para fazer com que, na maior parte das vezes, não queira deixar uma mensagem. MOTIVO: O que você faz, ou o que você quer, não é muito importante para aquele a quem está a telefonar. Deixe-me repetir isto: O que você faz, ou o que você quer, não é muito importante para aquele a quem está a telefonar.

O que é que pensa que tira o sono aos seus clientes?
Qual acha que é a coisa mais importante que lhes ocupa a mente?
O que os faz preocuparem-se? O que lhes causa *stress*?

Perder ou fazer dinheiro? Pode ser uma das razões. Lucro? Qual será outra? Preservar a fidelidade dos clientes? Claro! E em relação ao negócio deles? Se eles tiverem um negócio próprio, acha que estão preocupados em fazer mais vendas dos seus próprios produtos? Concorrência? Ui! E quanto a outras preocupações...

Produtividade? Acha que pode ser uma preocupação para eles? Manter bons colaboradores? Custos operacionais crescentes? Impostos sobre o rendimento? Quer dizer, há alguém que não esteja preocupado ou zangado com o facto de ter de apresentar a declaração de rendimentos? Na verdade, vejo os impostos sobre o rendimento como uma renda para viver no país. Torna as coisas muito mais agradáveis.

Compreenda isto: aquilo que tira o sono aos seus clientes tem pouco ou nada que ver consigo. O seu dever é tentar descobrir algumas RESPOSTAS para o que deixa os seus clientes sem dormir e ter IDEIAS sobre o que os fará dormir melhor. O seu dever é ser um *perito* nas coisas que tiram o sono aos seus clientes. E no modo de os fazer dormir tranquilamente.

ESTA É A PERGUNTA ESSENCIAL: O que preocupa os seus clientes e potenciais clientes é também o segredo para deixar uma mensagem de correio de voz e para lhe responderem ao telefonema. Aha!

Se deixar uma mensagem cheia de palavreado sobre quem é e o que faz, não ligarão nenhuma e não lhe telefonarão de volta. E, na última semana, houve outras cinco pessoas que lhes telefonaram para falar sobre serviços financeiros ou publicidade ou serviços de contabilidade ou fotocopiadoras ou telemóveis (ou seja o que for que você vende). E será apenas um entre cinco. UI!

RESPOSTA FINAL: Se vai deixar uma mensagem, tem de ser capaz de apresentar valor ou razões suficientes para que lhe respondam. É esse o segredo para o sucesso nas respostas a telefonemas. A resposta à pergunta "É suficientemente bom para que lhe telefonem de volta?" depende do quanto sabe (ou estuda) acerca de como resolver ou ajudar em relação ao que *os* preocupa e deixar uma mensagem sobre disso.

Deixe uma mensagem sobre lucro, lealdade, produtividade, vendas, moral, família, filhos — algo que tenha que ver com o seu objectivo — uma dica, uma ideia — algo que diga, "Eu *mereci* uma resposta ao meu telefonema". E transmita a diferença que o separa das outras cinco mensagens sobre o mesmo produto que vende.

O que é que a mensagem de correio de voz que deixo diz aos meus clientes?

Faça uma pergunta sobre eles
e apresente uma resposta.
Ou pode fazer o inverso.
Dê uma resposta e faça
uma pergunta.
Mas o essencial é
SOBRE ELES.

Existe outra estratégia que é, na minha opinião, o método mais eficaz: é ter algo de valor para o outro.

Se conseguir criar factos sobre o negócio, actividade, vida e família deles, deixe essa mensagem e lance o isco. Aqui vai um exemplo: "Sr. Johnson, há três coisas que o irão ajudar a manter os seus colaboradores a trabalhar activamente durante muito mais tempo. **Número um:** Tratar os seus colaboradores melhor do que trata os seus clientes. **Número dois:** Oferecer-lhes benefícios que os ajudem a viver, não a morrer. **Número três:** Ups, acabou-se o tempo. O meu nome é Jeffrey Gitomer. Se quiser saber o número três, telefone-me para o 704-333-1112." Entende? Experimente.

RESPOSTA FINAL: Tem de ter informação sobre eles.

Se for uma agência de emprego, eles não têm interesse em utilizar os seus serviços, mas preocupam-se em manter os seus colaboradores a trabalhar activamente. Agora pode lançar o isco ainda mais à frente. Se quiser mesmo falar com alguém, pode deixar o facto número um na segunda-feira. O facto número dois na terça-feira. O facto número três na quarta-feira. O facto número quatro na quinta-feira. Na sexta-feira diz: "Hoje não há facto. Se o quiser saber, tem de me telefonar." Entende? Experimente.

OLHE TAMBÉM PARA SI PRÓPRIO: Poderá também estar a utilizar mal o correio de voz na sua empresa. Poderá não estar a fazer as coisas da forma correcta. Os seus clientes poderão estar a telefonar-lhe e poderá estar a deixá-los irritados apenas com o modo como faz o telefonema. Poderá estar ausente e ter uma mensagem de correio de voz idiota. O correio de voz funciona de duas formas. Uma é o modo como lida com o seu. A segunda é como lida com o deles. É certo e sabido que tem de lidar com o seu de modo perfeito. Portanto, concentre-se no modo como lida com o deles. Entende? Experimente.

NÃO ESTOU A IMPLORAR QUE RESPONDA AO MEU TELEFONEMA, MAS A MINHA MULHER DEIXA-ME E O MEU CHEFE MATA-ME SE VOCÊ NÃO O FIZER.

Qual é a melhor forma de utilizar a Internet para fazer vendas?

A *Web* está a mudar o mundo das vendas à velocidade da Internet. Qual é a velocidade da Internet? Uma dia o seu emprego está garantido, no dia seguinte é obsoleto. Novas regras de vendas pela Internet? Sem dúvida.

Aqui estão 10,5 regras da nova realidade para vender à velocidade da Internet:

1. Os velhos métodos de venda já não funcionam. Os métodos de venda antigos, de forte pressão e manipuladores, pertencem ao passado. O método do século XXI é criatividade, valor e relações que criam uma atmosfera de compra, tanto pela Internet como pessoalmente.

2. Na Internet ou pessoalmente, eles têm de gostar de si. Se gostarem de si, acreditarem em si E confiarem em si — então PODERÃO fazer-lhe uma compra. O seu dever é tornar-se amável em pessoa e atractivo na Internet.

3. Já não é apenas gestão de contactos. São vendas de contacto global. Para vencer os melhores, tem de ser um pouco mais rápido, mais instruído, tem de lhes apresentar a informação mais cedo e de ser atraente numa base diária. A sua capacidade de integrar o contacto informático, o contacto pessoal e competências de venda de uma nova realidade económica são elementos essenciais para o sucesso nas vendas e para o domínio da Internet.

4. Nas vendas, não é quem você conhece. Nas vendas, é quem o conhece a si. Domine a Internet para criar uma notoriedade em termos de sector de actividade, de mercado, dos clientes e dos potenciais clientes. Quanto mais conteúdo de valor existir na notoriedade, mais atractivo se torna.

5. Eles querem-no agora e querem-no gratuitamente. Tem de fazer tudo para os seus clientes à velocidade da Internet: oferecer informação, estar humanamente acessível, vender o que eles *precisam* (não o que tem), entregar amanhã ou mais cedo, responder a (e resolver) problemas de imediato, informar os clientes sobre como fazer o melhor uso do seu produto, criar um programa de prevenção de problemas e ter um serviço memorável.

6. Diferencie-se da concorrência de outras formas que não o preço. Existem sete elementos-chave na diferenciação de valor. O preço não é um deles. Os seus valores são: o seu nome, as suas perguntas, as suas ideias, a sua criatividade, a sua apresentação, o seu valor percepcionado e a sua capacidade de cumprir o prometido para além das expectativas do cliente. Se os clientes ou potenciais clientes não percepcionarem qualquer diferença de valor entre você e a concorrência, irão comprar em função do preço. Preço mais baixo = menos lucros.

7. O segredo para a verdadeira diferenciação é a sugestão de "valor primeiro" de Jeffrey Gitomer. A sua capacidade de ajudar os clientes ou potenciais clientes com informações que os ajudarão a desenvolver o negócio deles, para que também possa fazer negócio. "Valor primeiro" é a melhor forma de diferenciar *e* o melhor gerador de lucros.

8. Faça-me dizer "UAU" ou arrisca-se a perder-me. A "Satisfação" já não é a medida aceitável de avaliação do serviço. Mude as suas acções, perguntas, apresentações, ferramentas de venda e *website* de normais para extraordinários. Extraordinário leva a UAU! UAU leva à lealdade — a nova medida de avaliação do desempenho pessoal e empresarial.

9. Estude a criatividade para ouvir um "UAU". A maioria concordará que a criatividade é um dos segredos para o sucesso em vendas na nova economia. A maior parte nunca leu um livro sobre criatividade. Leia um. O meu preferido é *Thinkertoys* de Michael Michalko. Encomende-o *on-line* apenas com um clique.

10. Estar acessível ao cliente quando ELE precisa de si. Compreender as necessidades do cliente é uma coisa — fazer algo em relação a elas é outra. A sua maior prioridade é estar disponível quando precisam de si e dar-lhes respostas. A Internet mudou as horas de funcionamento para sempre. 24 horas por dia, 7 dias por semana, 365 dias por ano, é agora o padrão mínimo aceitável.

10,5. A maioria dos vendedores não faz o trabalho inteligente e o trabalho árduo necessário para tornar as vendas fáceis. Sim, é necessário muito trabalho para conseguir dominar a Internet. Também é preciso coragem. Invista em tecnologia, leia, use o computador, estabeleça contactos, escreva, estude, aprenda coisas novas e pratique. O resto é fácil. O maior segredo para o sucesso é permanecer um estudante à medida que sobe na hierarquia. A forma mais fácil de chegar ao topo é estudar, praticar e socializar no caminho para lá.

RESPOSTA FINAL: A Internet é o seu novo melhor amigo e melhor recurso. Compre o melhor computador possível. Instale acesso *wireless*. Instale Internet de alta velocidade em casa. Tenha um controlo da sua vida de vendas e dos seus conhecimentos de vendas através da Internet.

Domine a Internet e dominará o universo — e a sua conta bancária (*on-line*).

Devo tentar "tipificar" o comprador?

Só se quiser perder a venda. Acredito que "tipificar" um comprador é uma forma de manipulação se tentar modelar o seu tipo ao tipo dele. Geralmente existem quatro tipos de pessoas no formato tradicional de "tipificação". Na minha opinião, existem milhões de tipos de pessoas.

Pessoalmente, não quero saber que tipo de pessoa é o comprador. O meu objectivo é descobrir coisas sobre ele através de uma preparação prévia e através de perguntas. Durante esse período, tento descobrir coisas em comum e não oportunidades de manipulação.

O objectivo de vender não é "tipificar". O objectivo de vender é envolver e harmonizar.

Alguns alegam que "tipificar" os ajuda a compreender os outros. Não, não ajuda. Na realidade, o tempo que perde a tentar tipificá-los reduz a sua capacidade de os compreender.

Gostaria muito mais de descobrir que o meu filho joga futebol no mesmo campeonato do filho dele. Gostaria mais de descobrir que a nossa equipa favorita é a mesma, ou que andámos na mesma universidade, ou que crescemos no mesmo bairro, ou que temos um amigo em comum. Esse é o "tipo" certo de informação.

Quando "tipifica", está a reduzir o tempo que devia estar a harmonizar e a descobrir e a estabelecer relações. Perder demasiado tempo a tentar descobrir informações manipulativas sobre um potencial cliente é um erro "tipográfico".

Qual é a melhor forma de me preparar para uma visita de vendas?

Existe um processo de 5,5 passos de preparação para uma visita de vendas, a maioria dos quais pode ser feita no seu computador portátil — ligado à Internet.

1. Visite o *website* da empresa que vai contactar. Imprima algumas páginas e assinale as áreas sobre as quais tem perguntas a fazer — ou talvez ideias. Descubra tudo o que conseguir sobre como poderão utilizar o seu produto ou serviço e descubra tudo o que conseguir sobre com quem se vai reunir (assim como sobre o chefe dele).

2. Visite o *website* do concorrente da empresa. Procure diferenças óbvias na abordagem de *marketing* e na oferta de produtos.

3. Pesquise no Google o nome da empresa que vai visitar e veja o que aparece. Leia e prepare-se melhor.

4. Pesquise no Google o nome daquele com quem se vai reunir. Isto revelará todo o tipo de informações pessoais. Se não conseguir encontrar informações sobre aquele com quem se vai reunir, possivelmente não se irá reunir com o decisor. Pesquise no Google o nome do chefe dele. Aí poderá encontrar mais informações.

5. Agora pegue em todas as informações que reuniu e comece a formular perguntas baseadas nos seus novos conhecimentos sobre a potencial necessidade deles relativamente aos seus produtos. Tente criar mais algumas perguntas sobre a empresa e sobre a pessoa se não conseguir encontrar a sua biografia.

5,5. Pesquise no Google o seu próprio nome. Nunca seja tão ignorante em matéria de vendas para pensar que aquele com quem se vai reunir durante uma hora não vai perder cinco segundos para pesquisar o seu nome no Google. Se não tiver um *website*, se nunca fez um discurso em alguma organização, se nunca escreveu um artigo que tenha aparecido na publicação do seu sector de actividade, se nunca fez qualquer trabalho significativo em programas comunitários ou de solidariedade, então não irá aparecer nada.

Apenas lhe dei a fórmula: crie o seu *website*, discurse numa feira comercial, escreva artigos e esteja envolvido na sua comunidade. Faça com que aquele com quem se vai reunir o queira conhecer. E torne a sua pesquisa suficientemente forte para cativar o potencial cliente por outra coisa que não a "verborreia" sobre o seu produto.

Se for uma venda grande, é melhor fazer uma pesquisa mais personalizada — leia o relatório anual deles, telefone a alguns dos clientes deles, telefone a alguns dos fornecedores deles, telefone a alguns dos vendedores deles e telefone para o departamento de Relações Públicas deles, se tiverem um.

Posso garantir-lhe uma coisa: qualquer que seja a pesquisa que estiver a fazer agora para preparar a sua visita de vendas, não é suficiente. Os seus pais transmitiram-lhe esta mensagem durante a sua adolescência: "Faz os trabalhos de casa." E durante este tempo todo — pensava que era tudo relacionado com álgebra.

GRANDE SEGREDO: Eles estavam a transmitir-lhe uma mensagem sobre a vida.

SEGREDO AINDA MAIOR: Esteja preparado, ou esteja preparado para perder para alguém mais preparado do que você.

Devo respeitar um aviso de "Proibido solicitações"?

Eu não o faço. Mas depende do que estiver a vender.

Sempre vi os que fazem solicitações como pessoas que andavam a vender doces para instituições de caridade falsas, pessoas que vendiam perfumes e arte, e vendedores da Fuller Brush[*]. (Isto praticamente diz a minha idade, não diz?)

Fico sempre surpreendido que as empresas cheguem ao extremo de colocar um aviso de proibido solicitações, em vez de um letreiro de boas-vindas. E muitas têm um critério duplo, pois não querem que ninguém os solicite, mas encorajam a sua força de vendas a fazer *cold calls* (isto é, solicitações).

Se vir um aviso de "Proibido Solicitações" é mais ou menos uma advertência. Se tiver algo de valor para vender e uma excelente abordagem, ninguém o verá como estando a solicitar. Pelo contrário, olharão para si como um "profissional".

RESPOSTA FINAL: Pense nisto: Se o apanharem a solicitar — o que podem fazer? Chamar a polícia de vendas? Expulsá-lo? E se alguém disser "Não sabe ler o aviso na porta 'Proibido Solicitações'?", responda: "Claro que sei ler. Mas não pensei que se aplicasse a quem tem algo de verdadeiro valor para oferecer ao seu negócio."

---

[*] **N. T.** Empresa canadiana que iniciou a actividade em 1906 a vender porta a porta os seus produtos (escovas de vários tipos).

Qual é a melhor forma de vencer a concorrência?

Todos estão à espera de uma resposta milagrosa. Bem, existe uma. Mas exige alguma compreensão para chegar lá. E depois deste pequeno texto poderá ainda não chegar lá. É subtil *e* exige mais trabalho do que está a fazer agora. A recompensa é as vendas tornarem-se mais fáceis de conquistar.

Observe as opções para lidar com a concorrência e perceberá melhor as coisas. Todos as conhecem: por cima, por baixo, contornar e através — quer dizer, quase todos.

Analise as seguintes opções:

1. Contornar a concorrência. Contornar a concorrência exige conhecimentos, informação interna e tácticas sub-reptícias. Para não falar de um pouco de jogo político impecável. Está bem, está bem, isto é manipulativo. E está no limite da dissimulação. Tem de "fazer uma jogada" para conseguir garantir o negócio. Isso é mau? Depende. Para conseguir a encomenda, não. Quanto a conseguir futuras encomendas é que surge o "depende". Dependendo das suas tácticas para "contornar", poderá ter ganho uma má reputação. **Tenha atenção para que as suas tácticas não ultrapassem a sua ética.**

2. Por baixo da concorrência. Má estratégia. Má em tudo. Eliminá-la baixando o seu preço? Uma vitória única onde todos perdem. Lucros baixos. Deterioração do mercado. E o próximo preço mais baixo volta a ganhar.

3. Através da concorrência. A luta tem o seu lugar. E por vezes uma luta gera a vitória. A tenacidade é óptima, mas vencer a concorrência caluniando-a é uma posição de perdedor. Lutar contra ela é uma boa filosofia. As vendas muitas vezes são uma luta. Mas demasiadas vezes são uma luta sem qualquer razão. Parte dessa luta é baseada no medo de perder, ou no desejo de ganhar, em vez de no sentimento menos agressivo preferido pelo cliente: o desejo de ajudar.

DICA: Poderá também entrar "dentro" da concorrência. Aprenda tudo o que conseguir sobre os seus pontos fortes e pontos fracos. Isto é especialmente necessário para vendas de produtos.

4. Por cima da concorrência. Esta é a forma ideal. Presume-se que ganhe uma posição de superioridade. Não me interprete mal. Não significa relaxar e esperar. Significa elevar-se de uma forma que a concorrência tem de responder ou perder. Aqui estão algumas formas de passar "por cima". *E-zine*. Seminários. Recomendações. Criar valor ao criar lucro. Conseguir testemunhos e utilizá-los para passar por cima outra vez. Ter outros a falar em seu nome é melhor do que qualquer promoção de vendas "contra" alguém. Prometo-lhe uma coisa: se investir o tempo e o esforço necessários para passar "por cima" da concorrência, será recompensado para além dos seus sonhos mais extravagantes *e* as vendas serão mais fáceis e mais divertidas. E assim que chegar a um nível superior de passar "por cima", estará qualificado para o nível mais elevado.

4,5. Ignorar a concorrência. Passei os últimos dez anos a passar "por cima" da concorrência. Desenvolvendo as minhas competências e escrevendo. Eles continuam a ler o meu artigo semanal. Eu conheço-os? Alguns. A maioria não. As vendas e a concorrência partilham o mesmo lema: "Não é quem conhece, é quem o conhece a si."

Soa um pouco convencional, mas garanto-lhe que é melhor desenvolver as suas competências do que tentar e "derrotar" alguém. Eu prefiro "melhor" do que "derrotar". É uma vitória mais respeitável e honesta.

Ganho sempre? Não, mas sinto sempre que devia ter ganho. Tenho uma autoconfiança que me mantém preparado para a próxima oportunidade. E quando acordo no dia seguinte vou para o trabalho aperfeiçoar as minhas competências.

EPÍLOGO: Não lhe estou a dar uma solução simples como normalmente faço. Em vez disso, estou a apresentar-lhe factos e filosofia e estou a deixar que tome as suas próprias decisões sobre como quer "lidar" com a concorrência. Alguns dos que estão a ler este livro pensarão que o meu método é ridículo, idealista ou ainda pior — não exequível. Isso apenas vai ajudar aqueles que odeia. A concorrência.

As minhas formas de lidar
com a concorrência
(por cima e ignorar)
são as mais difíceis —
mas funcionam.
E quanto mais longe conseguir
passar por cima dela,
mais a pode ignorar.

Qual é a melhor forma de garantir uma repetição de encomenda?

A partir do momento em que recebe a sua primeira encomenda de qualquer cliente, tem início o seu relatório de avaliação. E a parte boa é que escolhe a sua própria nota.

A encomenda seguinte dependerá do "factor sim" dos seguintes 6,5 elementos-chave:

1. O seu produto foi entregue no prazo previsto?
2. Cumpriu todas as suas promessas?
3. As questões relacionadas com a assistência ao cliente foram resolvidas de modo favorável?
4. Fez o *follow-up* na sequência da assistência prestada?
5. É fácil contactar qualquer um na sua empresa (a qualquer hora)?
6. Esteve regularmente em contacto com eles entre vendas, com algum tipo de mensagem de valor?
6,5. Até que ponto é acessível e prestável?

PENSE NISTO: Os clientes votam com o dinheiro deles e observam o seu desempenho desde o último encontro até ao momento em que precisam de si novamente. Se já lhe compraram algo antes, meia batalha está ganha. A repetição de uma encomenda é um relatório de avaliação relativamente ao que aconteceu durante esse período. Quando um cliente actual diz "Salte", a rapidez com que consegue dizer "Até onde?" determinará o seu destino. É mais fácil do que andar à procura de novos clientes.

NOTA FINAL: Se voltarem a pedir uma redução de preço, a probabilidade de ter de a conceder será proporcionalmente inversa à qualidade da assistência que receberam entre encomendas.

Qual é a melhor forma de fazer o *follow-up*?

Uma palavra: Criativamente.
Duas palavras: Com valor.
Três palavras: Conquistar o interesse.
Quatro palavras: Nada sobre a sua carteira.
Cinco palavras: Algo diferenciador relativamente à concorrência.
Seis palavras: Ofereça algo para avançar a venda.
Sete palavras: Diga-lhes que tem uma ideia nova.
Oito palavras: Diga-lhes para esperarem um pacote amanhã de manhã.
Nove palavras: Marque uma reunião definitiva antes de abandonar o escritório.
Nove, cinco palavras: Não faça nada que o torne num "idiota chapado".

O segredo do follow-up
é ser-se inteligente e criativo.

Inteligente é nunca enviar uma proposta sem marcar uma reunião de *follow-up* em pessoa ou pelo telefone. Alguma coisa registada por escrito e que os dois tenham acordado. Algo que o deixa mais perto da venda. Algo que prove que o cliente está interessado em fazer-lhe uma compra. Marque essa reunião e tornar-se-á um vendedor de elite, porque a maioria dos vendedores (você incluído) enviam uma proposta e depois iniciam um processo de *follow-up* que se encontra entre o ineficaz e o cómico.

Criativo é fazer algo que conquista a atenção do comprador e que força a uma reacção positiva.

Tenho um cliente que é um pai e um avô dedicado. Adora as filhas. Adora *verdadeiramente* as netas. Como é que descobri isto? Um dia começámos a falar sobre família e descobrimos que ambos temos três filhas e três netas. Pontos em comum? Sem dúvida! Numa livraria em Nova Iorque, comprei uns livros para crianças, autografados pelo autor, que tinham ganho prémios pelo *design* e pela leitura fácil. (Ele adora ler para as netas.) Dei-lhe um livro para cada neta. Sem entrar em detalhes, posso dizer-lhe que um presente empresarial tradicional não teria tanto significado nem teria criado uma resposta emocional tão profunda. Isto ajudou a nossa relação? Sem dúvida! Mas ofereci o mesmo presente a mim mesmo — para poder ler para as minhas netas.

POR FAVOR, PRESTE ATENÇÃO: Não ofereci este presente para fazer uma venda. Ele já era meu cliente. Ofereci este presente para promover a nossa amizade. O *follow-up* não é só vender. O *follow-up* é surpreender, preocupar-se, prestar atenção e pensar nos outros da mesma forma que pensa em si próprio. É acertar os passos e estar em sintonia.

Quais são as melhores formas para acrescentar valor?

Esta pergunta é uma rasteira. Todas as empresas do mundo tentam criar um programa mal planeado de "valor acrescentado" que nenhum vendedor consegue explicar. São umas quantas coisas da empresa que se "acrescenta" a uma venda, mas que nada têm que ver com o cliente (nem lhes oferece valor).

Se está a tentar garantir uma encomenda, já é tarde de mais para *acrescentar valor*. Pode ser um fraco incentivo, mas se estiver a concorrer contra mim, irá perder. A minha filosofia tem sido sempre criar valor suficiente para desencadear a lei da atracção (eles telefonam-me, não sou eu que lhes telefono). Valor acrescentado significa que tem de "vender". Eu quero que comprem.

Para que *comprem*, tem de reanalisar o modo como lida com o valor que procura acrescentar e tem de reposicionar a forma como o oferece. Observe estas estruturas de valor e diga-me como se comparam ao "valor acrescentado".

Aqui estão algumas palavras de verdadeiro valor que colocam o "valor acrescentado" onde ele pertence — fora do vocabulário de negócios e de vendas:

- ☆ **Trazer valor.**
- ☆ **Ser valioso.**
- ☆ **Incutir valor.**
- ☆ **Oferecer valor.**
- ☆ **Fornecedor de valor.**
- ☆ **Apresentar valor primeiro.**

O que significa "apresentar valor primeiro"?

Valor primeiro significa que compraram. Eu quero estar no lado comprador.

Desde 23 de Março de 1992 que compreendi e beneficiei do conceito de *apresentar valor primeiro*.

Foi o dia em que a minha primeira crónica foi publicada no *Charlotte Business Journal**. Desde essa altura, já organizei mais de 1500 seminários, vendi 750 mil livros, acumulei milhões de dólares em receitas e tornei-me um dos vendedores mais conhecidos no mundo sem fazer uma única visita de vendas, provando assim a minha regra de vendas número um: **As pessoas não gostam que lhes vendam, mas adoram comprar.**

Milhares visitam o meu *website* todos os dias. Cem mil lêem a minha *e-zine* semanal gratuita (*Sales Caffeine*) e milhões lêem, todas as semanas, a minha crónica que é publicada em cem jornais de negócios nos EUA.

Tudo o que faço é partilhar um pouco do meu conhecimento de vendas, da minha sabedoria de vendas e algumas das minhas ideias de vendas, gratuitamente.

E tudo o que acontece é que o meu telefone não pára de tocar. A estratégia de *marketing* que utilizo não se encontra em nenhum livro. No entanto, desafiaria qualquer génio do *marketing* que me diz que um anúncio

---

* **N.T.** Jornal de negócios da cidade de Charlotte no Estado da Carolina do Norte, EUA.

publicitário é melhor do que uma crónica no jornal no que diz respeito a ganhar notoriedade e adesão. Consigo obter uma adesão cem vezes maior com o meu método do que eles conseguem com o deles e *leads* com uma qualidade pelo menos mil vezes superior. Aqueles que lêem os meus textos (você incluído) estão dispostos a gastar dinheiro para ter mais de mim.

A minha estratégia de *marketing* multimilionária é:

Coloco-me diante daqueles que podem dizer-me "sim" e apresento valor primeiro.

Uma das razões principais por que nunca verá uma campanha a favor do "valor primeiro" dirigida por uma empresa de *marketing* ou agência de publicidade é que eles não ganham qualquer comissão dando coisas de graça. Pessoalmente, sou a favor da estratégia deles, porque me permite ganhar milhões de dólares se eles continuarem a fazê-lo. Se alguma vez começassem a fazer as coisas à minha maneira, então teria alguma concorrência. De momento, simplesmente vejo o que eles fazem e rio-me. Rio-me quando o vejo, rio-me quando ouço o meu telefone tocar e rio-me ainda mais quando vou a caminho do banco.

ACÇÃO: Comece a reunir endereços de *e-mail*. Crie a sua *e-zine* semanal via *e-mail* na próxima semana. Comece a escrever artigos acessíveis aos seus clientes que irão vê-lo como um especialista, não como um vendedor. Comece a fazer discursos em feiras comerciais, em vez de simplesmente participar neles como visitante. Apresentar valor primeiro não é uma opção se procura ser um vencedor nas vendas. Esta página contém mais do que uma simples resposta. Contém uma filosofia e uma estratégia de sucesso para toda a vida.

Como posso criar perguntas com valor?

Conhecendo aquilo que os seus clientes consideram importante e criando perguntas que fazem os clientes pensar sobre si próprios e responder em relação a si.

Por exemplo, é um vendedor numa loja de vestuário, um cliente entra na loja e você pergunta: "O que quer que pensem quando olham para o que tem vestido?" Ele responde e você continua: "O que é que eles estão a pensar agora?" O cliente poderá dizer alguma coisa, mas será discreto. E você termina: "Estaria disposto a experimentar algumas peças que acredito que lhe darão o visual que está a tentar conquistar?"

Estas perguntas superam o "Posso ajudá-lo?" e também interessam o cliente pelo que poderá ser mais importante para ele: a sua própria imagem.

Aqui está outro exemplo. Suponhamos que está a vender imóveis e vai levar uma família a ver algumas casas. Pergunta à mulher: "Quando olhar pela janela da cozinha, o que quer ver?" Esta pergunta toca-a no fundo do coração.

Poderia ter perguntado algo pateta como: "Quanto é que estariam dispostos a gastar numa casa?" Considero esta pergunta uma violação da sua informação privada e que não lhe diz respeito — a não ser que eles o digam voluntariamente.

RESPOSTA FINAL: Para construir uma pergunta com valor, tem de saber o que causará emoção ou o que será mais importante para o cliente ou potencial cliente. O essencial é fazer uma pergunta que não tenha nada que ver com a sua venda ou com o seu dinheiro. Perguntas sobre dinheiro têm sido erradamente denominadas "perguntas qualificativas". Deviam ser denominadas "violações de privacidade".

AQUI ESTÁ A FÓRMULA: Quanto mais informações que tenham valor reunir, mais será capaz de criar perguntas com valor. Quanto mais competente se tornar a fazer perguntas com valor — mais valor terá a sua conta bancária.

AQUI ESTÁ UMA PERGUNTA COM VALOR: PODEMOS IR JANTAR SÁBADO À NOITE?

AQUI ESTÁ A MINHA **RESPOSTA FINAL**: *NÃO.*

O que é a "venda depois da venda"?

> Quando tiver feito a entrega, começa a construir a relação para a próxima venda.

Combine esta resposta com "Qual é a melhor forma de garantir uma repetição de encomenda?" (pergunta número 45) e começará a compreender o que é um cliente leal.

O maior fracasso empresarial nos EUA (sim, ainda maior do que as práticas de contabilidade ilegais) é a incapacidade de comunicar com a base de clientes através de algum pretexto que não seja uma mensagem de vendas.

Se está à procura da venda depois da venda, tem de haver um fluxo semanal contínuo de mensagens de valor, para que esteja a provar o seu valor e a desenvolver a sua boa vontade semana após semana — de forma consistente.

Assim também mantém o seu nome e o nome da sua empresa na mente dos clientes. Refiro-me a isso como notoriedade *Top of mind*, mas imagino que outros façam o mesmo. Esta notoriedade *Top of mind*, quando associada ao valor percepcionado da vossa relação, garante que, da próxima vez que precisarem do seu produto ou serviço, lhe irão telefonar a si em primeiro lugar.

RESPOSTA FINAL: A venda depois da venda *não* é a nova encomenda. A venda depois da venda são as medidas que toma para garantir que a nova encomenda é sua.

Por que é que os clientes desistem?

O arrependimento do comprador é um dos maiores dilemas e um dos menos assumidos na área das vendas.

Consegue uma grande encomenda. Dois dias depois recebe um *e-mail* ou um fax — nunca um telefonema — a pedir para cancelar a encomenda. Ou pior, telefona aos clientes para confirmar e eles desaparecem da face da terra.

Isto acontece especialmente com produtos de custo elevado como carros, casas, pianos ou barcos. Produtos comprados impulsivamente e, quando chegaram a casa e pensaram no assunto, decidiram que estavam além das suas possibilidades. (Ou decidiram que não os queriam, ou foram influenciados por outros para não comprarem, ou tiveram uma discussão com o cônjuge por causa disso.)

Até o governo sabe que as pessoas têm arrependimento de comprador. Por isso é que foi aprovada uma lei para permitir que se mude de ideias sem sofrer sanções e foi incluída uma cláusula que permite um período para cancelamento em todos os contratos de venda.

Alguns vendedores são suficientemente insensatos para recorrer a este factor como uma característica positiva da venda, quando, na realidade, estão a colocar a ideia do cancelamento na mente dos clientes. O que têm de fazer é reforçar os elementos positivos, preparar os clientes para o facto de poderem ter dúvidas e para o que poderão fazer em relação a elas.

O motivo pelo qual não faz isso é porque é demasiado "medricas" para dizer aos clientes o que fazer no caso de mudarem de ideias.

É isto que deve fazer: dizer aos clientes que, quando chegarem a casa, poderão começar a pensar na acessibilidade do preço, que poderiam ter comprado noutro lado mais barato ou que poderão ser influenciados por outros. E tem de dizer-lhes o que fazer em cada caso. Pode até dar-lhes uma folha de papel para reforçar as ideias deles. Ou até um CD-ROM com um pequeno vídeo que fez sobre por que é que desistem pelos motivos errados.

SEGREDO:

O segredo é relembrá-los por que é que fizeram a compra.

Reforce as razões deles para comprar sem usar uma técnica de vendas. Certifique-se de que abordou as motivações lógicas e emocionais para comprarem. Se apenas abordar as lógicas ou apenas as emocionais — é mais provável que perca a venda.

Qual é a melhor forma de sair de uma crise?

Permita-me que lhe coloque estas 4,5 questões:

1. Quais foram as condições de mercado que mudaram nos últimos seis meses?
2. Quais foram as condições competitivas que mudaram nos últimos seis meses?
3. Por que é que perdeu as últimas cinco vendas? (Verdadeira razão, não apenas o preço mais baixo.)
4. Está a trabalhar com tanto empenho como quando trabalhou no primeiro mês nesse emprego?
4,5. O que está a fazer nas horas livres para se ajudar a melhorar?

A maioria dos vendedores que entram numa crise estão nessa situação por causa de algo que fizeram e não estão a trabalhar o suficiente para sair dela. Ah, insistem em fazer a venda, mas não estão a tentar resolver a crise.

Alguns vendedores atribuem a culpa ao azar. Os meus mentores ensinaram-me que o trabalho árduo faz a sorte.

Observe as pequenas coisas primeiro. Os seus hábitos de trabalho. A sua persistência. A sua atitude actual *versus* a sua atitude quando está a ganhar. A sua capacidade de fazer com que lhe respondam a um telefonema. A sua capacidade de marcar reuniões pessoalmente. E em especial o que faz depois do trabalho.

Agora observemos as coisas de um modo global.

Quando os jogadores de basebol ou de golfe passam por uma crise, procuram mais conselhos e treinam ainda mais. É isso que está a fazer?

RESPOSTA FINAL: Se descobrir por que é que está a passar por uma crise, esse é o primeiro passo para a verdadeira recuperação. O segundo passo é ter uma atitude mais positiva do que nunca. Mas pode encurtar uma crise utilizando o lado do seu cérebro que diz "Sim" e deixar o "Não" onde pertence — na sarjeta com os outros perdedores.

Acredite que vai conseguir e aja como se já tivesse conseguido.

Leia mais sobre estar numa crise no meu outro livro, The Little Red Book of Selling.

Quais são os piores erros que os vendedores cometem?

1. Aceitar uma venda pelo dinheiro. Se não gosta do que faz, nunca conquistará os objectivos que estabeleceu para si, muito menos os objectivos arbitrários que a sua empresa estabelece por si (também conhecidos como objectivos de vendas). Se estiver nas vendas pelo dinheiro, saia agora e torne-se advogado, ou pior, político.

2. Não compreender que a sua atitude é a essência do seu sucesso. Uma parte importante do processo de venda é pensar que consegue e ter uma expectativa positiva quando vai para uma reunião de vendas. Uma parte importante do processo de venda é estar à espera de um resultado positivo. Não pode fazer nada disto sem uma atitude positiva *antes* de começar.

3. Culpar os outros em vez de assumir a responsabilidade. É muito fácil todos os outros serem culpados quando algo corre mal. Aqueles que não aparecem para o trabalho. Aqueles que não cumprem as promessas. Aqueles que não fazem o que se esperava que fizessem. Aqueles que não fazem os trabalhos de casa. Indício principal: se estiver a contar com outros para o ajudarem a fazer a venda, então é inteiramente responsável pelo *follow-up* que tem de fazer com eles antecipadamente, para se certificar de que fizeram a parte deles. A maioria dos fracassos tem origem na má comunicação e não na má execução.

4. Atribuir a culpa a outras circunstâncias, em vez de assumir a responsabilidade. Os nossos computadores não estão a funcionar. Os nossos telefones não estão a funcionar. A carrinha avariou. O FedEx não chegou a tempo. Por que é que não me diz simplesmente que o cão comeu o seu trabalho de casa? Volte à terceira classe onde arranjava desculpas igualmente idiotas. Mas na terceira classe não fazia diferença. Agora, atribuir a culpa das consequências a "coisas" apenas o faz parecer um imbecil incompetente. Fica mais bem visto com uma resposta que começa com: "Está com sorte. O FedEx não entregou a encomenda, por isso fui à nossa concorrência e comprei o que precisava e irei entregá-la pessoalmente hoje de manhã para que a possa receber no tempo previsto." UAU!

5. Tentar vender em vez de conseguir que comprem. Demasiados vendedores têm de explicar quem são e o que fazem, não compreendendo que o potencial cliente já ouviu o mesmo 20 vezes. Do meu ponto de vista, uma reunião de vendas (erradamente conhecida como apresentação de vendas) deve ser 75 por cento perguntas. As respostas obtidas com essas perguntas permitirão ao cliente e ao provável comprador verificar o nível da sua necessidade, as experiências que tiveram até agora, por que é que é a melhor escolha e como podem comprar agora.

5,5. Não acreditar o suficiente no que está a vender. Fico espantado como tão poucos vendedores acreditam no seu produto ou serviço. Numa reunião de formação sobre vendas para um novo concessionário automóvel, às 6 da manhã, perguntei a 30 vendedores quantos conduziam um carro da marca que vendiam. Metade da sala levantou o braço. Pedi à outra metade para sair, porque não poderiam vender algo na qual não acreditassem o suficiente para comprarem. Se não tem o produto ou serviço que está a vender, vá vender outra coisa.

Os vendedores cometem erros sem conta. Podia falar sobre apresentarem o preço cedo de mais, sobre fazerem um *follow-up* incorrecto, sobre tentarem utilizar técnicas de vendas gastas ou não serem suficientemente simpáticos. Mas se levar a sério as 5,5 respostas acima apresentadas, irão conduzi-lo a mais vendas do que podia imaginar. Essas vendas transformar-se-ão em relações se acreditar o suficiente.

Quais são os erros fatais nas vendas?

Em 25 anos (já passou tanto tempo?) de formação em vendas, nunca tive um vendedor que chegasse ao pé de mim e me dissesse: "Jeffrey, não fiz a venda e a culpa foi toda minha."

Os vendedores cometem o erro fatal de colocar as culpas noutras coisas, circunstâncias e pessoas pela sua própria incapacidade de criar um ambiente que promova a compra. E esse erro tem um risco duplo: primeiro, está a culpar a pessoa errada e, segundo, atribui as culpas em vez de assumir a responsabilidade. Não consegue ver a necessidade urgente de mais formação para o seu auto--aperfeiçoamento.

Identifiquei 12,5 erros fatais em vendas, os verdadeiros motivos por que não se consegue fazer a venda. Cinco estão aqui, os outros 7,5 estão no meu *website*. Se gostar dos primeiros cinco e não for ao meu *website* ler os outros 7,5, esse será o seu primeiro erro fatal. Por mais difícil que este exercício possa ser, avalie-se a si próprio em vez de se limitar a ler.

E para sua total satisfação e benefício, uma receita ou sugestão "Sem erros" de uma frase acompanha cada erro. *Por favor* releia-os várias vezes — até admitir que é você, não eles.

Quantos destes erros são fatais para si? Pegue numa caneta **vermelha** e, à medida que lê, escreva um "**E**" ao lado dos erros que poderá querer melhorar.

1. Ser um cachorrinho, uma marioneta ou um peão. "Envie-me uma brochura!" "Envie-me uma proposta!" "OK! Farei isso." Os vendedores sentem demasiado prazer em obedecer sem garantirem um compromisso nem apresentarem uma ideia. **Sem erros:** Quando envia uma brochura, marque uma reunião ao mesmo tempo. Quando recebe um pedido para fazer uma proposta, altere algumas das condições para favorecer a sua escolha.

2. Falar antes de perguntar. Um médico diz-lhe em que universidade estudou Medicina? Não. Diz-lhe há quantos anos exerce? Não. Ele pergunta: "Onde é que lhe dói?" **Sem erros:** Faça perguntas estimulantes. Faça perguntas que revelam dor ou emoção. Faça perguntas que a sua concorrência não faz.

3. Fazer um acordo verbal para o fornecimento de serviços. Nada é mais fatal do que um potencial cliente pensar que existe mais no negócio do que você pensa. Quando o potencial cliente diz "Pensava que tinha dito…", o que se segue é sempre um problema. **Sem erros:** Escreva e repita TODAS as promessas e condições.

4. Referir-se negativamente à concorrência. Está certo, eles são uns patifes reles e desprezíveis. Aonde é que quer chegar? Quando os humilha, está a rebaixar-se a si próprio. **Sem erros:** Refira-se sempre à concorrência como "o padrão do sector de actividade" e "a minha digna concorrência".

5. Fazer o *follow-up* para ver se "recebeu os meus folhetos informativos" e verificar se "tem alguma questão". O vendedor pensa que o consideram prestável e profissional — na realidade ele é chato e faz figura de idiota. **Sem erros:** Telefone com ideias e faça perguntas inteligentes.

Dica Red✦Bit Gratuita: Para os outros 7,5 erros vá a www.gitomer.com, registe-se se for um novo utilizador e escreva as palavras FATAL FLAWS no espaço RedBit.

Em que deve consistir um almoço de negócios?

Existem 4,5 categorias de almoços de negócios:

1. **Construir uma relação e tentar estabelecer contactos.**
2. **Potencial novo cliente que não procura comprar já.**
3. **Potencial novo cliente que se prepara para comprar.**
4. **Cliente actual com quem está a desenvolver uma relação e/ou que está pronto para comprar.**
4,5. **Comida EXCELENTE.**

O almoço deve consistir em pelo menos 1/3 de diálogo que fomenta o desenvolvimento da relação. Converse, o máximo que conseguir, sobre coisas que têm em comum (golfe, desporto, universidade, terra natal). Converse sobre clientes em comum ou assuntos de negócios que tenham em comum (experiências, empregos, etc.). Converse sobre a sua agenda específica. Se não tiver tempo para falar de negócios, foi um almoço de grande sucesso. Isso significa que conversaram sobre coisas em comum e que se divertiram.

AQUI ESTÁ UMA IDEIA: O almoço a quatro. Faça com que o seu cliente traga uma recomendação para si e você leva uma recomendação para o seu cliente. O seu cliente poderá ficar relutante em levar uma recomendação se não levar uma para ele. Pense como este cenário é eficaz, depois experimente-o uma ou duas vezes.

Devo jogar golfe em negócios? Como?

Pergunte a *qualquer* vendedor onde é que preferia vender — num escritório ou num campo de golfe. O campo de golfe ganha 99 – 1. *Hole in one!** Depois pergunte-lhe se sabe qual a melhor altura para solicitar uma encomenda e ele fará um duplo *bogey*.**

Apesar de ter a sua roupa de golfe vestida, a sua personalidade está a nu. Não é uma questão de vender ao cliente, é uma questão do cliente comprar a si. Se está à procura de vender alguma coisa no campo de golfe, promova-se a si mesmo.

Estes são os factores que o seu cliente ou potencial cliente descobre sobre si durante um jogo de golfe: Posso jogar com esta pessoa? Consigo tolerá-la? Compatibilidade mútua — gosto desta pessoa? Acredito nela? Tenho alguma coisa em comum com ela? Como é a sua personalidade? Qual é a sua ética? Até que ponto ela está a prestar atenção?

O importante a compreender é que ambas as partes no jogo de golfe estão a avaliar-se mutuamente. O seu temperamento, ética e modos estão igualmente expostos. A sua linguagem, o que bebe, a sua capacidade de seguir as regras e o seu desportivismo são factores determinantes na sua capacidade de construir uma relação e conseguir o negócio.

EIS O QUE FAZER: Encontrem-se no *practice tee**** uma hora antes da hora marcada para o início do jogo. Leve fruta, queques, café e sumo de laranja, alguns *snacks* para começar. Faça o aquecimento pelo menos durante 30 minutos, fique a conhecê-lo um pouco melhor. Depois passe

---

* **N.T.** Jogada de golfe em que se acerta no buraco com uma única tacada.
** **N.T.** No original, *double bogey*. Jogada de golfe em que se acerta no buraco com duas tacadas acima do par.
*** **N.T.** Campo utilizado para praticar tacadas longas.

para o *practice green**. Tire algumas bolas da areia. Meta algumas bolas. Agora está preparado e o seu potencial cliente também. Agora está pronto para ir para o primeiro *tee***.

Escolha pessoas estratégicas para jogarem com o seu potencial cliente. A melhor é um potencial cliente para ele. Assim, todos podem fazer negócio no campo de golfe. Um encontro a quatro não é obrigatório.

Torne o jogo descontraído. No primeiro *tee*, gosto de dar a todos com quem estou a jogar umas caixas das melhores bolas no mercado. É uma surpresa e dá o mote para o resto do dia. Certifique-se de que o seu carro de golfe está carregado de bebidas e comida pré-seleccionadas com base nas suas conversas com o assistente administrativo do potencial cliente, com o propósito de descobrir os "favoritos" dele.

Jogue os primeiros nove buracos e converse apenas sobre golfe. É o que têm em comum. O melhor jogo que alguma vez fez, as melhores tacadas que alguma vez deu, está a entender, conversa sobre golfe.

Designo os últimos nove buracos como "os nove dos negócios". Se criou uma boa relação nos primeiros nove, negócios deve ser um assunto fácil nos últimos nove.

CUIDADO: Aquele com quem está a jogar nunca mais se lembrará da pontuação. MAS lembrar-se-á SEMPRE que fez batota no terceiro buraco.

RESPOSTA FINAL: O essencial é certificar-se de que mostra o seu melhor lado, o seu lado honesto, o seu lado ético, o seu lado prestável, o seu lado simpático e o seu lado divertido. Estes serão elementos que promovem a criação de negócios no campo de golfe — desde que não mostre o seu pior lado.

---

* **N.T.** Campo de prática para tacadas de curto alcance.

** **N.T.** Local onde é dada a primeira tacada em cada buraco.

O que devo fazer quando o cliente telefona e está furioso?

Qualquer coisa menos: "Desculpe!"

Pode dizer "Peço desculpa", mas não é isso que o cliente está à espera. Pode começar a contar a sua versão dos acontecimentos, mas não é isso que o cliente está à espera. Pode tentar culpar outra coisa ou outra pessoa pelo que aconteceu, mas não é isso que o cliente está à espera.

> O cliente está à espera de duas coisas. Quer saber que se preocupa pessoalmente com ele e quer saber o que vai fazer agora em relação ao assunto.

A melhor forma de pedir desculpas é deixar o cliente primeiro descarregar a sua zanga. Não o interrompa, tire apontamentos e emita sons compreensivos. Pode até dizer ao cliente que a situação também o deixa zangado. Segundo, pergunte ao cliente qual a urgência que tem. Precisa do produto amanhã? Precisa dele hoje? Ou precisa dele para ontem?

A maioria dos clientes precisava dele ontem. Esta é a sua hipótese de fazer a diferença e assegurar-se que o produto seja entregue antes de ontem (estou a brincar). A verdade é que a urgência deles determinará o seu plano de acção para a recuperação. Compreenda que atingiu um ponto crítico e está em risco de perder o cliente. Portanto, qualquer atitude que tenha em direcção à recuperação é positiva.

A notícia interessante é que a maior parte das grandes empresas tem políticas definidas em funcionamento que impedem uma recuperação memorável: é preciso uma factura, é preciso um número de cliente, é preciso uma autorização para o envio de uma devolução e outros disparates que *nenhum* cliente chateado quer ouvir.

RESPOSTA FINAL: Diga o que o cliente quer ouvir. Que pede desculpa, que compreende como se sente, que se vai reunir com os responsáveis para encontrar uma solução e que tudo estará resolvido em 24 horas. Sem culpar ninguém, sem desculpas, sem drama.

EPÍLOGO: Faça o *follow-up* com um telefonema pessoal e com uma nota de agradecimento pessoal. Isto conclui a recuperação e abre o caminho para a encomenda seguinte ou para uma recomendação favorável.

ADORO QUANDO ME DIZEM PALAVRÕES. SIGNIFICA QUE FIZEMOS ASNEIRA E AGORA TENHO HIPÓTESE DE RECUPERAR.

Como posso evitar que um potencial cliente se decida pelo preço mais baixo?

Quem me dera ter um dólar por cada vendedor que me diz que a maior objecção que recebe é o "preço". O preço é uma objecção complexa (refiro-me a ela como obstáculo), que tem que ver com questões subjacentes do cliente como — necessidade verdadeira, acessibilidade do preço, interesses ocultos, valor, percepção do potencial cliente, mentiras do potencial cliente, combinados com a sua comunicação, validação, diferenciação e avaliação pelo vendedor. A única boa notícia em relação às objecções de preço é que muitas vezes são sinais de compra dissimulados.

Uma grande parte do problema do preço é que muitos vendedores acreditam que eles (ou a sua empresa) são iguais ou piores do que a concorrência. Felizmente, existem duas soluções rápidas para esta situação — mude as suas convicções ou mude de empregador.

Seis coisas que pode fazer para manter a integridade do preço:

1. Defenda o preço que apresenta como um preço verdadeiro. "Permita-me dizer-lhe a razão…"

2. Utilize o facto de o preço ser mais alto como uma razão para comprar. "O senhor tem direito ao nível mais elevado de serviço pós-venda…"

3. Utilize testemunhos. "Aqui estão três testemunhos em vídeo de outros clientes que pagaram o nosso preço e adoraram…"

4. Venda a sua força competitiva, não o seu preço. "Somos a empresa que tem a patente…"

5. Convença o decisor sobre a relação. "De modo a que possamos servi-lo após a venda da forma que espera…"

6. Venda tudo *menos* o preço. Comece com a qualidade, o valor e o custo total. Se não tiver o preço mais baixo — tenha o melhor valor, o menor custo total e o melhor produto, tenha a produtividade mais elevada e o serviço mais rápido (lendário).

As estatísticas mostram que 74 por cento das reduções de preço são iniciadas pelos vendedores — não pelos clientes. E a maioria das resistências ao preço é dos vendedores, não dos compradores. Os vendedores já conhecem o preço dos outros e começam imediatamente a compensá-lo na apresentação de vendas. Acreditam que o cliente escolhe sempre o preço mais baixo. Este é um grande erro.

EXPERIMENTE ESTA TÁCTICA: Se tiver de fazer licitações, mude as regras. Peça ao DECISOR (pode não ser aquele com quem está a falar) para considerar decidir-se pelo MELHOR e não pelo PREÇO. Pergunte: "Se todas as licitações tiverem uma diferença de dez por cento umas das outras, consideraria esquecer o preço mais baixo e escolher quem acha que seria melhor? As melhores pessoas com quem trabalhar, o melhor produto e o melhor serviço."

Bem, não irão dizer sempre "Sim", mas o que perde em perguntar?

EXPERIMENTE ESTA TÁCTICA: Faça com que os testemunhos sejam uma parte importante da proposta ou licitação. Diga ao comprador que todos os que está a considerar lhe estão a dizer que são os melhores. Por que não fazê-los provar isso, em vez de se gabarem? Diga-lhe que inclua uma cláusula nas condições da licitação que exija que todas as alegações sobre os produtos e serviços sejam apoiadas por um testemunho em vídeo de um cliente actual (uma terceira parte).

Bem, não irão sempre dizer "Sim", mas o que perde em fazer a sugestão?

As questões de preço fazem com que os vendedores sejam o mais criativos que conseguem.

As questões de preço fazem com que os vendedores acreditem que o seu produto ou serviço é o melhor.

As questões de preço fazem com que os vendedores utilizem os testemunhos dos clientes para os ajudar a fazer a venda.

PENSAMENTO FINAL: De modo a compreender o preço, tem de entender que não é apenas a relação ou o seu produto, é o dinheiro *deles*. E eles não "abrem a carteira" até se sentirem à vontade, até percepcionarem um valor maior e até correrem poucos riscos ou nenhum. Irão guardar os dólares, tal como você. Mas não compra sempre em função do preço mais baixo, nem eles o farão.

Como posso fazer com que a minha proposta se destaque?

Colocar um resumo na primeira página, para que ninguém tenha de ler as partes aborrecidas, excepto se quiserem.

Um dos motivos principais para as propostas existirem é os compradores pensarem que conseguem o preço mais baixo (ou o melhor negócio) ao colocarem uma empresa contra a outra.

> O segredo é tornar-se vencedor *antes* de a proposta ser feita.

Pode fazer isto criando condições, ou termos, que impedem outros de licitar ou de ganhar.

AQUI ESTÁ UMA ESTRATÉGIA: Limite-se a dizer "Não" quando lhe pedirem uma proposta. Quando alguém me pede uma proposta, a primeira coisa que lhes digo é "Não". Isto choca-os sempre. Além disso, as propostas são uma chatice.

Pergunto se tiraram apontamentos. Respondem "Sim". Respondo: "Então, deixe-me assinar os apontamentos." E continuo dizendo: "Tudo o que precisamos de fazer é escolher um dia para começarmos." E 30 por cento das vezes o potencial cliente dirá: "Tem razão."

Na maioria das vezes, o potencial cliente insistirá numa proposta. Mas acabei de garantir 30 por cento do negócio sem apresentar uma folha de papel. E existe uma razão para isso. Tenho coragem de vendas e você não.

As propostas existem para reduzir os riscos para o comprador e, hipoteticamente, para baixar o preço.

Mas, em última análise, muitas propostas podem ser eliminadas se o seu potencial cliente achar que o seu preço é justo e que o risco é pequeno. Se o risco for pequeno, e a recompensa elevada, então a resposta é sempre óbvia: VOCÊ GANHA!

RESPOSTA FINAL: As propostas eficazes são o resultado de uma apresentação de vendas eficaz. As propostas devem ser o factor de consolidação, não a promoção de vendas. A proposta deve documentar o que foi dito e acordado. A proposta deve confirmar a venda e todas as alegações que fez relativamente à mesma.

A sua faz isso?

Qual é a melhor forma de utilizar os testemunhos?

Sem dúvida, a melhor forma de utilizar um testemunho é em vídeo no final de uma venda, como prova para o cliente de que você é quem diz ser, que o seu produto faz o que disse que fazia, que o seu serviço ou serviços são os melhores do planeta e que o preço e valor que oferece são justos.

Esta é a resposta simples. Se se tornar um vendedor que recorre a testemunhos (que acredito ser a forma de venda mais eficaz no mundo), então pode arranjar testemunhos para todos os elementos, para todos os passos, do seu ciclo de vendas.

Por exemplo, se tiver um cliente que não quer marcar uma reunião consigo, envie um CD de um dos seus clientes que diz: "Durante dois anos não quis marcar uma reunião com este homem. Foi um dos maiores erros profissionais que alguma vez cometi. Se o Bill lhe telefonar, convide-o a ir ao seu escritório e deixe-o fazer por si o que ele fez por mim." Se não conseguir uma reunião depois disto, não presta.

Pode utilizar testemunhos para responder a perguntas. Pode utilizar testemunhos para superar uma objecção de preço. Pode utilizar testemunhos para superar "Estou satisfeito com o meu actual fornecedor". Pode utilizar testemunhos para confirmar todas as promessas ou alegações que fizer.

RESPOSTA FINAL: Deite fora as suas cartas de testemunho que se referem a vendas e utilize palavras de apoio e de aprovação, em suporte vídeo, dos clientes que mais gostam de si.

O que devo dizer aos meus clientes quando a concorrência mente sobre mim, sobre o meu produto ou sobre a minha empresa?

Assuma uma postura ética e não tente rectificar ou justificar o que foi dito.

Afirme: "Não podemos ser responsabilizados pela irresponsabilidade dos outros. A nossa responsabilidade resulta dos anos que andamos a distribuir qualidade, a fazer entregas no tempo previsto, a oferecer um serviço memorável e a criar uma parceria valiosa entre nós e os nossos clientes."

"Sr. Potencial Cliente, encontrei a melhor forma de um potencial cliente como o senhor descobrir a verdade! Para que não haja qualquer confusão entre curto prazo e longo prazo, o senhor deve exigir testemunhos em vídeo de actuais clientes leais para todas as alegações feitas por mim ou pelos meus dignos concorrentes. Penso que também será importante o senhor exigir que todos os potenciais fornecedores providenciassem dois testemunhos de empresas que costumavam ser nossos clientes, mas mudaram, e dois testemunhos de empresas que eram clientes dos nossos concorrentes e mudaram para a nossa empresa. Posso fornecer-lhe estes testemunhos amanhã. Será interessante ver o que a minha concorrência tem a dizer sobre fazer a mesma coisa."

BOAS NOTÍCIAS: Sem ter de responder directamente às mentiras deles, isto atirará a sua concorrência para a lama.

NOTA A TODOS OS VENDEDORES: Se não tiver um arsenal de vídeos com testemunhos que confirmam as suas alegações, superam todas as objecções dos clientes e falam sobre ser cliente do seu principal concorrente e depois mudar para si, está a trabalhar em grande desvantagem.

Faça planos para reunir vídeos com testemunhos que forneçam provas e superem objecções o mais rápido que conseguir.

RESPOSTA FINAL: Os vendedores pensam que têm de defender a sua honra de modo a "combater" as mentiras da concorrência. Errado. A melhor defesa é um bom ataque. A parte boa acerca da estratégia acima delineada é que pode ser utilizada em todas as vendas que fizer, quer a concorrência minta sobre si ou não.

Como posso superar a "relutância em fazer chamadas de venda"?

62

A relutância é uma forma de medo. Medo do desconhecido, medo da rejeição, medo de fracassar.

A relutância em fazer chamadas de venda é uma doença mental dos vendedores que leva a desculpas — quer para si mesmo quer para os outros (a maioria chefes). As desculpas dão-me náuseas.

As suas razões para não telefonar a novos potenciais clientes podem ser:

- ☎ **Está demasiado ocupado!**
- ☎ **Tem clientes actuais que precisam da sua ajuda.**
- ☎ **Ainda não domina as informações sobre o seu novo produto.**
- ☎ **As acções de formação que a sua empresa oferece são demasiado interessantes para resistir.**
- ☎ **Está muito perto das férias ou acabou de vir de férias.**
- ☎ **É demasiado cedo. É demasiado tarde. Está muito calor. Está muito frio. Em suma, qualquer desculpa que consiga inventar.**

PENSAMENTO:

> Se estiver com medo
> de fazer uma chamada de venda,
> abandone o mundo das vendas.

A relutância em fazer chamadas de venda NÃO É UM PROBLEMA, é um sintoma. Se quiser ultrapassá-lo, descubra o que o está a provocar (o *verdadeiro* problema) e será o vencedor na batalha por quem (ou o quê) controla a sua mente. E a sua conta bancária.

RESPOSTA FINAL: Se sentir a relutância em fazer chamadas de venda a começar a aparecer, inicie imediatamente o processo de transformação. Acredite em si. Motive-se a si próprio a agir. Analise as suas vitórias no passado para ganhar autoconfiança no presente e garantir o sucesso futuro, ao visualizar o sucesso que irá acontecer.

Agora, mexa-se e faça umas chamadas.

TENHO MEDO DE FAZER CHAMADAS DE VENDA.

NÃO TENS MEDO. ESTÁS APENAS MAL PREPARADO.

Que tipo de nota de agradecimento devo escrever?

Uma nota que diga "Obrigado", que mencione algo pessoal e que deixe quem a recebe desejoso de receber mais.

Quanto mais pequena — melhor.
Quanto mais manuscrita— melhor.
Quanto mais personalizada — melhor.
Quanto mais sincera — melhor.

Eis um exemplo:

Caro Josh,

Obrigado por termos feito negócio. Diverti-me imenso a conhecê-lo melhor.

Estou ansioso por nos encontrarmos num jogo dos Bobcats quando a época começar. Como andámos ambos na Ohio State, vai ser interessante ver o Steven Smith jogar. É quase como ter duas equipas para aplaudir.

Permanecerei em contacto quando fizermos a primeira entrega e quando iniciarmos a nossa relação comercial.

Não hesite em telefonar-me a qualquer altura. (Excepto durante as horas de trabalho, depois do trabalho ou aos fins-de-semana — ah, e nas férias também não!)

Com os melhores cumprimentos,
Jeffrey Gitomer
555-555-555 — telemóvel privado

Repare que não repeti nada.

Repare que não disse "Mais uma vez, obrigado".
Uma vez é suficiente.

Repare que lhe disse duas vezes
que em breve estaríamos em contacto.

Repare que lhe reafirmei que
estaria presente durante o processo
de entrega e de preparação.

Repare que escrevi uma nota divertida.

Repare que escrevi uma nota pessoal.

Repare que lhe dei o meu número de telemóvel.

Qual é o nível de excelência das minhas competências de venda?

Qual é a maior venda que alguma vez fez? Quantas grandes vendas já fez? Quantas recomendações não solicitadas recebe? Com que frequência lhe respondem a um telefonema? Todas as acções que o cliente toma são um relatório de avaliação sobre as suas competências. Provavelmente não é assim tão bom, apesar de pensar que é.

Saiba como se pode tornar um grande vendedor — mesmo se pensar que já o é.

Pergunta um: Pensa que é muito bom nas vendas? Claro que sim. Tem uma boa vida — está no *top* da sua equipa. Conduz um carro novo, tem todas as regalias e o negócio corre bem.

Pergunta dois: Há condições para melhorar? Claro que sim. Mais do que pensa.

Pergunta três: Tem um plano estratégico para duplicar as suas competências de vendas e as receitas das vendas este ano? Ui!

Não se sinta muito mal, a maioria não tem. A maioria nem sequer acredita que seja possível duplicar. Estes encontram-se na categoria dos "demasiado espertos". Já sabem todas as respostas. E mesmo que seja bom, existe alguém melhor. A sua maior esperança é que quem é melhor não trabalhe para a concorrência.

"OK, Jeffrey, o que quer dizer? Como é que posso melhorar 'a olhos vistos'? Como posso duplicar?", pergunta (na esperança que lhe dê a panaceia em duas frases).

Eu dou-lha numa frase: **Faça com que cada cliente que tem lhe traga um novo cliente como ele.** Aqui está. Presumindo que mantém o seu nível de negócios com os clientes existentes, os seus negócios duplicarão.

Mas esta é apenas uma resposta. Preste atenção e dar-lhe-ei o plano estratégico. É isso que realmente quer: a fórmula comprovada. O "como fazer".

"Isso parece exigir muito trabalho, Jeffrey", diz já a queixar-se.

"Pode crer", respondo. "MAS — garanto-lhe que derrotará a sua concorrência E que ganhará mais do que alguma vez ganhou — desde que esteja disposto a aprender (e a experimentar) como nunca aprendeu antes e a trabalhar um pouco mais esforçadamente do que está a trabalhar agora. Aprender, experimentar coisas novas, trabalhar arduamente e ganhar dinheiro acontecem ao mesmo tempo.

Permita-me deixar tudo bem claro. Não existem técnicas de vendas nesta fórmula. Não é "como vender" propriamente dito. É como ter sucesso. Se aprender como pode ter sucesso, vender torna-se *muito* mais fácil.

Como pode ter sucesso irá ajudá-lo a formular e a clarificar a sua filosofia e estratégia de vendas. Assim que compreender que "vende para ajudar" em vez de "vende para aumentar o total das suas comissões", irá precisar de uma calculadora com mais zeros.

Quer medir as suas competências de vendas? Há avaliações de competências que pode fazer. Vá a www.trainone.com e clique no nosso modelo de avaliação de vendas. Mas o verdadeiro teste para a sua perícia em vendas pode ser medido pelo número de clientes que lhe são leais, que compram de novo e que o recomendam a outros.

A FÓRMULA DE ACÇÃO. Estes são os 10,5 elementos de acção que transformarão as suas competências de vendas de boas em excelentes — e depois de excelentes nas mais excelentes:

1. Leia algo sobre atitude positiva 15 minutos por dia. Duas páginas por dia de Carnegie, Hill ou Peale. A sua atitude determina tudo o que faz. Se não começar aqui, não conseguirá ir a lado nenhum. (Autoteste rápido: se culpar constantemente outras coisas e pessoas pelos seus fracassos, é a sua atitude negativa que está no seu caminho.)

2. Leia um livro sobre vendas por trimestre. Ler ajuda-o a estar exposto a novas informações sobre vendas. Visite o meu *website* para uma lista completa.

3. Leia um livro sobre desenvolvimento pessoal por trimestre. Em vez de apenas trabalhar para aperfeiçoar as técnicas de vendas, trabalhe para se melhorar. Hábitos de saúde, competências pessoais, crescimento pessoal e compreensão da vida. Alguns bons livros: *Pense e Fique Rico* de Napoleon Hill e *Como Fazer Amigos e Influenciar Pessoas* de Dale Carnegie.

4. Leia um livro sobre criatividade por ano. Os vendedores diferenciam-se através da criatividade e do entusiasmo. Criam atracção ao serem diferentes. Esta é uma competência que se aprende. O melhor livro: *Thinkertoys* de Michael Michalko.

5. Assista a quatro seminários por ano. Invista na auto-aprendizagem. Aprenda coisas novas e conheça outros aprendizes.

6. Ouça CDs e cassetes sobre vendas duas vezes mais do que ouve rádio no carro. A repetição é um dos segredos para a mestria. O outro é praticar o que aprende assim que aprender.

7. Grave a sua voz ao ler um livro sobre vendas. Ao gravar um livro, conseguirá dominar as competências de vendas e ouvir as suas competências de apresentação ao mesmo tempo. É um exercício eficaz. Leia e grave 30 minutos por semana.

8. Escreva os seus objectivos e recite-os duas vezes por dia. Eu escrevo os meus objectivos num papel que colo no espelho da casa de banho para refrescar a memória assim que começo a pensar sobre o dia. SEGREDO: quando conquisto um dos meus objectivos, retiro-o do espelho da casa de banho e coloco-o no espelho do quarto, para que todas as manhãs, enquanto me visto, possa ver o meu sucesso. Os objectivos são o meu mapa.

9. Faça um treino real sobre vendas durante 30 minutos por semana em reuniões de vendas com os seus amigos ou colegas. As reuniões semanais e o treino de vendas ajudam-no a desenvolver o seu conhecimento num ambiente de aprendizagem verdadeiro. Dê a si próprio o presente de novos conhecimentos, do reforço da estratégia e de conteúdos inspiradores, que pode utilizar quando sair da reunião.

10. Grave a sua voz a fazer uma apresentação de vendas. A PARTE MAIS IMPORTANTE DA FÓRMULA. Se fizer todas as outras partes da fórmula e não ouvir como vende, nunca conseguirá melhorar. O dia em que se ouvir a tentar fazer uma venda, é o PRIMEIRO DIA da sua busca pelo sucesso. Cuidado: isto é tão difícil como determinante.

10,5. Analise esta lista. Estude-a, copie-a, coloque-a em vários locais e transforme cada acção-elemento num objectivo. Torne esta lista parte do seu ser durante um ano e fará parte da sua vida para sempre.

Qual é a melhor forma de conseguir o meu objectivo de vendas todos os meses?

Descubra uma forma de a atingir na primeira semana, em vez de na última.

> Os objectivos de vendas são arbitrários, números estúpidos estabelecidos por quem não sabe fazer vendas. Por quem se concentra predominantemente nos "números".

A maioria dos vendedores que não conseguem atingir o seu objectivo não têm competências de vendas ou não acreditam verdadeiramente no que vendem. Se este for o seu caso, adquira mais competências ou mude de emprego.

Se estiver a esforçar-se para conseguir o seu objectivo pense nisto: suponha que o seu objectivo é o dobro e que tem de fazer 25 por cento do seu objectivo em cada semana, em vez do objectivo completo no último dia do mês (que é o que está a fazer agora). Conseguiria fazê-lo?

Resposta: claro que sim. Com uma condição. O seu *pipeline** tem de ter vendas potenciais suficientes para isso poder acontecer. Suponhamos que o seu objectivo é 50 mil dólares por mês em vendas (12 500 dólares por semana), a sua taxa de comissão é de dez por cento e o seu

---

* **N. T.** Base de dados, canal privilegiado de informação, mas também conduta, que permite o trocadilho do último parágrafo.

rácio de conclusão é de 25 por cento. De modo a atingir o seu objectivo de 50 mil dólares por mês, tem de ter 200 mil dólares em vendas no seu *pipeline* (ou pelo menos 50 mil dólares em qualquer semana).

Vamos ainda mais a fundo na questão. Suponhamos que precisa de três telefonemas para conseguir marcar uma reunião. Então, se precisar de quatro reuniões para fazer uma venda — precisa de 12 telefonemas para a realizar. Está a ver como é fácil, desde que analise os números? Se não estiver a mentir acerca dos números, então atingir o seu objectivo é apenas uma questão de encher o seu *pipeline* ao trabalhar os seus números.

RESPOSTA FINAL: A maioria dos vendedores não conseguem o seu objectivo porque não têm o suficiente no seu *pipeline* e a razão por que não tem o suficiente no seu *pipeline* é que não está a trabalhar o suficiente para o encher. Se não entrar no *pipeline*, nunca sairá do *pipeline*. É por isso que se chama *pipeline*.

Qual é a melhor forma de gerir o meu tempo?

Controle-o.

Todos dizem que não têm tempo. Isso são desculpas esfarrapadas — todos temos o mesmo tempo, apenas depende de se o investe ou se o desperdiça.

Desperdiçar tempo é ver televisão. Investir tempo é ler um livro que o ajuda a melhorar. A maioria desperdiça o seu tempo, quando o devia investir.

RESPOSTA FINAL:

Se estiver a utilizar correctamente o seu tempo, está a investi-lo.

Onde quer que esteja, o que quer que esteja a fazer, o tempo é sempre o mesmo.

O tempo é agora.

Por que é que desisto com tanta facilidade quando um cliente me diz que não? Quanto tempo deveria ter aguentado?

Os vendedores odeiam a rejeição. Odeiam-na tanto que apenas estão dispostos a aceitá-la uma vez por venda. Assim que o cliente diz "Não estou interessado," o vendedor desiste. Assim que o cliente diz "Estamos satisfeitos com quem estamos a fazer negócio", o vendedor desiste.

RESPOSTA: Um dos principais motivos por que desiste tão depressa é que o seu sistema de crenças é limitado ou frágil. Não tem a paixão necessária para persistir e ganhar a encomenda.

Quantos "Nãos" é que VOCÊ está disposto a ouvir antes de desistir da venda? Há um velho ditado que diz: "A maioria das vendas são feitas depois do sétimo NÃO." Isso não significa que o cliente lhe tenha dito "Não" sete vezes. Significa que lhe colocaram sete obstáculos. E conseguiu aguentar-se até ao final — para conseguir a encomenda. Significa que quando alguém diz "Não estamos interessados", se aplica com mais intensidade e esforço — colocando mais perguntas e tornando-se mais interessante.

Duas das perguntas que mais me fazem são: "Jeffrey, quando é que desisto de um cliente?" e "Quando é que atiro a toalha ao chão?" A minha resposta é simples:

Quando acreditar profundamente que já não consegue ajudar o cliente ou que a sua solução não é a melhor para ele, então desista. Mas, ATÉ aí, aguente até ele dizer "NÃO" dez vezes (talvez onze).

SEGREDO: Reformule a minha resposta e entregue-a ao cliente da seguinte forma: "Sr. Jones, devo estar a fazer algo de errado porque o senhor continua a rejeitar-me. Acredito profundamente que temos o melhor valor e que somos a melhor resposta para as suas necessidades. E até conseguirmos fazer negócio, persistirei. Com a sua permissão, continuarei a fazer o *follow-up* até o senhor gritar comigo para me ir embora ou até me atirar pela janela. Acha justo?"

O cliente irá sorrir e ficar impressionado com a sua profunda crença e compromisso, e poderá até fazer uma encomenda.

Qual é a melhor forma de duplicar as minhas vendas este ano?

Existem apenas 2,5 formas de duplicar os seus actuais rendimentos resultantes de vendas:

1. Duplicar o número daqueles em frente a quem se senta que lhe podem dizer "Sim".

2. Conseguir que todos os clientes que tem este ano continuem consigo e que lhe tragam um novo cliente como eles no próximo ano.

2,5. Uma mistura da resposta um e dois. Mas isso exige o ingrediente secreto de duas palavras: TRABALHO ÁRDUO.

Os vendedores passam centenas de horas a fazer coisas não relacionadas com vendas e apenas minutos em frente a decisores. Inverta esta situação e as suas vendas não duplicarão, triplicarão. Centenas de milhares de vendedores duplicarão as suas vendas e/ ou os seus rendimentos este ano. A única pergunta é: será que você é um deles?

PENSAMENTO FINAL: Pare de pensar com pouca ambição. Pare de pensar em objectivos de vendas. Pare de pensar no final do mês. Comece a aproveitar melhor o tempo que tem para as vendas. Comece a fazer vendas maiores. Comece já.

Quem é a pessoa mais importante do mundo?

Se estiver a fazer-me essa pergunta, a resposta é fácil: eu. Se lhe fizer essa pergunta, poderá hesitar.

Se reformular a pergunta e disser "Quando está a falar com o seu melhor cliente, quem é a pessoa mais importante no mundo?", a resposta continua a ser "você", mesmo apesar de pensar que seria o cliente. O objectivo das vendas e o objectivo da vida é o mesmo: ser a melhor pessoa que conseguir em primeiro lugar para si próprio. Depois (e apenas depois) pode ser o melhor para os outros.

Quer ser a melhor mãe? Quer ser o melhor pai? Seja simplesmente o melhor que conseguir para si próprio em primeiro lugar — depois (e apenas depois) pode ser o melhor pai ou mãe.

Alguma vez ouviu alguém dizer "Eu dei-te os melhores anos da minha vida"? A minha resposta a isso seria: Por que é que fizeste isso? Por que é que não deste os teus melhores anos da tua vida a ti próprio?

Aqueles que continuam a sacrificar-se pelos outros nunca atingem todo o seu potencial e, na maioria das vezes, acabam por se arrepender por se terem sacrificado.

AQUI ESTÁ O SEGREDO: Não faça um sacrifício. Faça um compromisso consigo próprio (a pessoa mais importante do mundo) para ser o melhor que conseguir. Em todas as ocasiões.

Quanto tempo devo investir na promoção e no posicionamento da minha empresa?

RESPOSTA INTELIGENTE: Tanto quanto puder.
RESPOSTA MAIS INTELIGENTE: Mais do que pensa que deve.
Embora a publicidade permita o reconhecimento da marca e possa criar notoriedade, não cria valor na perspectiva do potencial cliente. E traz pouco ou nada aos seus clientes existentes.

Veja este livro — é um anúncio? Bem, mais ou menos. São informações que têm valor sobre e para si, mas é também promoção sobre mim. Está a ler este livro num avião ou em casa, ou no trabalho, ou nas férias, mas o essencial é que está a lê-lo. Vai ajudá-lo. Leva-o consigo. Levaria consigo o meu anúncio publicitário? Duvido.

A situação é a mesma consigo e com o seu negócio. Uma promoção verdadeira e um posicionamento verdadeiro têm de ter valor suficiente para que os seus clientes ou potenciais clientes o vejam, o leiam e se envolvam nele. O suficiente para quererem mais de si. Observe atentamente o modo como me promovo e posiciono: artigos, livros e uma *e-zine* via *e-mail* semanal (*Sales Caffeine*) que chegam a milhões de vendedores. Constrói a minha notoriedade de marca e o meu valor percepcionado pelos outros.

Não faço publicidade. Posiciono. Não faço publicidade. Promovo. Quero dizer, isso não é cem por cento verdade. Eu *apenas* faço publicidade *depois* de me ter posicionado como um fornecedor de valor e *depois* de me ter posicionado como alguém com um desempenho consistente. Depois de me ter posicionado como líder e pensador, e depois de ter feito várias campanhas de promoção com sucesso (como livros e seminários), então faço publicidade. Tenho notoriedade de nome e de marca e o anúncio publicitário funciona.

RESPOSTA FINAL:

O maior erro que as empresas cometem é fazer publicidade antes de serem muito conhecidas.

Construí a minha marca com base no valor e agora posso reforçar a minha marca com um anúncio. Se lê a minha crónica no jornal todas as semanas ou se comprou um dos meus livros (como este) e *depois* viu o anúncio de um seminário meu, poderá gastar cem dólares para me ver. Se não me conhecesse, gastaria os cem dólares? Duvido.

De que forma estou a ajudar os meus clientes nos seus negócios?

71

Por que raio é que me está a perguntar isso? Não devia saber essa resposta?

O seu cliente quer fazer-lhe uma compra — ou quer fazer mais vendas? O seu cliente quer fazer-lhe uma compra — ou ter maiores lucros? O seu cliente quer fazer-lhe uma compra — ou manter os clientes dele leais? O seu cliente quer fazer-lhe uma compra — ou manter os colaboradores dele leais? O seu cliente quer fazer-lhe uma compra — ou não ter problemas?

> Assim que compreender que
> o cliente quer ele próprio ganhar,
> em vez de lhe fazer uma compra,
> o seu pensamento está no caminho certo.
> O segredo é agir.

RESPOSTA FINAL: Pergunte a si próprio o que pode fazer para ajudar os seus clientes na área das vendas, dos lucros, da produtividade, da lealdade, do moral e outras áreas importantes para eles. Tudo em que os possa ajudar, todas as respostas que lhes possa dar, todas as ideias que lhes possa oferecer, aumentarão o seu valor e desenvolverão a lealdade deles para consigo.

O que estou a fazer para conquistar a lealdade dos meus clientes?

A lealdade começa depois de uma venda ter sido feita e de um produto ou serviço ter sido entregue. Nesse momento, o cliente começa a avaliar o seu valor com base na percepção dele. Começa a avaliar a sua qualidade com base na percepção dele. Começa a avaliar o seu serviço com base na percepção dele. E começa a avaliar o que pensa sobre si com base na percepção dele.

PALAVRAS-CHAVE: A percepção dele.

> A percepção dele é a sua realidade. Pode providenciar-se um serviço excelente, mas a lealdade tem de ser conquistada.

Parece-me engraçado que tantas empresas utilizem artimanhas promocionais às quais se referem usando a palavra "lealdade". Provavelmente a maior delas é as companhias aéreas oferecerem milhas aéreas para manter os clientes leais. Quase chega a ser uma anedota.

As companhias aéreas não estão a conquistar lealdade, estão simplesmente a subornar os clientes com uma viagem grátis. E o custo do suborno duplicou ou triplicou no último ano, dependendo da companhia aérea. Não se é leal à companhia. É-se leal às milhas.

Se as companhias acabassem com as milhas aéreas, continuaria a ser leal? Resposta: nem pensar nisso.

RESPOSTA FINAL: A forma mais fácil de aprender esta lição sobre lealdade é invertê-la. Pense nas pessoas ou empresas às quais é leal. Por que razão lhes é leal? Pode ser a sua geladaria, mercearia, lavandaria, café, *stand* automóvel, loja de vestuário, pode até ser o seu técnico informático. Cada um conquistou a sua lealdade. Descubra o que eles fazem e faça o mesmo.

A lealdade conquista-se com cordialidade, receptividade, facilidade em fazer negócios, valor justo e com a boa sensação que os clientes têm quando lhe telefonam, visitam ou interagem consigo.

> *OS MEUS CLIENTES SÃO
> INCRIVELMENTE LEAIS. FOI COM
> OS MEUS PRIMEIROS TRÊS
> MARIDOS QUE TIVE PROBLEMAS.*

Qual é a minha vulnerabilidade em relação à concorrência?

RESPOSTA: Maior do que alguma vez poderia imaginar. Tem uma lista de contactos de clientes promissores? Sabe, uma lista dos potenciais clientes promissores? Claro que sim. Acha que a sua concorrência tem uma lista de contactos de clientes promissores? Claro que tem. Sabe quem está nessa lista? Os seus maiores clientes.

A sua concorrência está a conspirar e a planear como lhe roubar os seus maiores clientes. Neste preciso momento. Pense nisto... alguma vez roubou um cliente a um concorrente seu? Claro que sim! Não acha que eles vão querer fazer o mesmo consigo? Pode crer que sim.

Aliás, a sua concorrência está reunida neste momento no outro lado da cidade para discutir sobre como dar cabo de si. Está na esperança que esteja a descansar sobre os louros do passado. Está na esperança que não tenha alguém a atender o seu telefone. Está na esperança que o seu *website* seja inadequado. Está na esperança que a sua equipa de vendas tenha uma má formação. Está na esperança de poder baixar o preço e derrotá-lo por não oferecer um valor diferenciador.

RESPOSTA FINAL: A sua vulnerabilidade em relação à concorrência *nunca* desaparece. O único problema é que não está a levá-la suficientemente a sério. Isto é, até perder um cliente e depois já é tarde de mais. Por que é que não gasta metade do que teria gasto para reconquistar os clientes a tentar mantê-los leais?

AHA FINAL! Invista tanto nos seus actuais clientes como investe na tentativa de atrair novos.

O que preciso de aprender para evoluir? O que tenho de fazer para progredir?

Quer progredir? Vou apresentar-lhe as Realidades e Estratégias do Sucesso nas Vendas — o seu dever é elaborar um plano de implementação para cada uma.

1. Torne-se e permaneça amável. O cliente "compra-o" a si *primeiro*. Promova-se *antes* de tentar vender a sua empresa ou produto.

2. Faça uma lista do que diz que faz e que a sua concorrência NÃO diz que faz. Não existe nada nessa lista! Por outras palavras, seja criativo e diga alguma coisa nova. DICA: Acrescente novas perguntas que o seu concorrente não faz.

3. Visto que não existe NENHUMA objecção nova — elimine as existentes. Faça uma lista das objecções que recebe vezes sem conta (não estou interessado, satisfeito com actual fornecedor, preço demasiado alto, sem orçamento, envie-me uma proposta e tantas mais), descubra as respostas vencedoras e utilize essas em vez daquelas que está a utilizar.

4. Faça com que o potencial cliente o deseje. Faça uma cópia das preferências do seu cliente habitual, depois interrogue-se: "Quem desejam?" Faça uma lista dos potenciais clientes que estão desejosos por fazer negócio consigo. É uma lista pequena?

5. Experimente assim que aprender. Depois de ouvir uma estratégia ou técnica de vendas, experimente-a logo. Ouvir seguido de executar — leva à mestria.

6. Modifique o que aprende e adapte tudo à sua personalidade. Não faça como faço. Faça da forma que se ajusta à sua personalidade e estilo. Seja você próprio.

7. Adapte o que aprende ao seu produto ou serviço. Nem todas as informações sobre vendas são sobre o que vende. E então? Descubra como o que estas lhe ensinam se aplica a si e experimente.

8. Tenha e mantenha uma atitude positiva ao estudar a atitude todas as manhãs. O segredo para conseguir uma atitude é ler durante 15 minutos todas as manhãs. Eu tenho vindo a fazê-lo há 30 anos e até agora está a funcionar.

9. Torne-se membro da Toastmasters™. Invista uma hora por semana para aprender a aperfeiçoar as suas competências de apresentação. As suas competências de apresentação são tão importantes como as suas competências de vendas. Vá a www.toastmasters.org e descubra qual o clube mais perto de si.

10. Continue a ser um estudante — se possível um estudante humilde. A melhor forma de se tornar um mestre no que faz é combinar "estudo" com "prática" para o resto da sua vida.

10,5. A dose diária. Não pode fazer tudo ao mesmo tempo — mas pode fazer um pouco todos os dias. Todos conhecem a expressão "grão a grão…", mas muito poucos seguem o conselho. Se não fizer nada todos os dias — no final do ano isso resultará em nada. Se fizer apenas um pouco todos os dias, no final do ano resultará em muito. Não consegue tornar-se excelente em vendas num dia — consegue tornar-se excelente em vendas dia após dia.

RESPOSTA FINAL: Progredir não é um avanço natural. É o resultado da sua dedicação e determinação. E você tem um controlo completo. Decide quanto quer progredir. Decide o sucesso que quer ter. E determina-o com uma palavra: agir.

PARTE CINCO

**Desenvolver a amizade.
Construir a relação.
Obter a recomendação.
Conquistar o testemunho.
Conseguir uma repetição
de encomenda.**

*POR FAVOR COMPRE-ME
ALGUMA COISA, SEREI O SEU
MELHOR AMIGO!*

*ISSO FUNCIONAVA NA
SEGUNDA CLASSE, MAS NÃO
FUNCIONA EM VENDAS.*

É fácil fazer negócio comigo?

75

PERGUNTA: Odeia sistemas de atendimento telefónico automáticos (por computador)?

PERGUNTA: Utiliza sistemas de atendimento telefónico automáticos?

É fácil falar sobre mau serviço e más práticas de negócio quando nos estamos a referir à empresa de outro, mas é muito mais difícil abordar o assunto na nossa própria casa.

Quando pergunto aos elementos da minha audiência se odeiam ou se se sentem frustrados com sistemas telefónicos automáticos, TODOS LEVANTAM O BRAÇO — POR VEZES OS DOIS BRAÇOS. Com todas as queixas sobre os sistemas telefónicos automáticos, seria de pensar que alguém percebesse a mensagem. Mas isto é apenas uma pequena fonte de frustração que empurra os clientes para a concorrência.

De modo a certificar-se de que não afasta os seus clientes, implemente os 6,5 passos seguintes que criam lealdade dos clientes ao tornar fácil a realização de negócios consigo:

1. Esteja disponível para vender quando preciso de comprar. Posso fazer uma encomenda 24 horas por dia, sete dias por semana? Posso comprar *on-line*, por telefone ou em pessoa? Tudo menos do que isto não é fácil.

2. Tenha sempre alguém a atender os telefones. Se um cliente quiser fazer uma encomenda, tiver uma questão a colocar ou um problema, é fácil falar com alguém? Até que ponto devia ser fácil?

3. Recrute pessoas simpáticas. Responda a esta pergunta MUITO IMPORTANTE: Até que ponto os seus colaboradores são simpáticos?

4. Tire partido de tecnologias de ponta. Está dois passos à frente da concorrência? Está a utilizar tecnologia para poupar tempo, dinheiro e para ser mais produtivo?

5. Identifique os motivos pelos quais os seus clientes estão a abandoná-lo e corrija-os. Faça alguma coisa para eliminar problemas internos.

6. Identifique as razões pelas quais os seus clientes estão a comprar e optimize-as. Faça alguma coisa para aumentar as oportunidades de venda.

6,5. Seja seu próprio cliente. Faria negócio consigo mesmo? Telefone uma vez por semana para saber como é fazer negócio com a sua empresa.

RESPOSTA FINAL: Muitos dos que estão a ler isto irão sentir-se frustrados porque estão a pensar: "Não posso fazer nada em relação a isso." Está enganado. Contacte os seus cinco melhores clientes. Peça-lhes que telefonem para a sua empresa e que tentem fazer uma grande encomenda cinco minutos antes do início do seu dia de trabalho. Depois peça-lhes que lhe enviem por *e-mail* a experiência que tiveram. Envie esses *e-mails* para o seu CEO e recoste-se para observar as consequências.

Pode estar de mãos atadas em termos do negócio, mas o seu CEO sabe que os clientes enchem as suas contas bancárias e pagam o salário dele.

Se gostaria de encher as contas bancárias da sua empresa, volte a concentrar-se e reforce os seus esforços com aqueles que as enchem em primeiro lugar: os seus actuais clientes.

Até que ponto é que os colaboradores da minha empresa são simpáticos? Até que ponto é que o meu chefe é simpático? Até que ponto é que eu sou simpático?

Até que ponto é importante ser simpático? Para mim, se existirem cem qualidades para o sucesso de alguém que trabalha no serviço ao cliente ou de um vendedor, a simpatia está no *top* três e talvez no *top* um.

- ☺ **Simpatia gera vendas.** Simpatia gera mais encomendas de clientes satisfeitos.
- ☺ **Simpatia é uma qualidade.** Tal como todas as qualidades, existem vários níveis de competência.
- ☺ **Simpatia é um grau.** Qual é a temperatura da simpatia no seu local de negócios? Está quente ou frio onde trabalha?

E, se o grau de simpatia no seu local de negócios está algures entre *médio* e *pouco* (simpático), aqui está uma pergunta que o fará contorcer-se: *Qual é a relação entre uma equipa simpática e clientes leais?*

Resposta: uma coisa gera a outra.

Bem, se a simpatia é tão importante, então por que é que nem todos são simpáticos? Boa pergunta. Parece tão fácil. Uma razão é que se é demasiado sério em relação a tudo — especialmente os chefes, e eles dão o mote para o resto dos colaboradores. O seu chefe é simpático? O seu CEO é simpático? Ele ou ela dá um bom exemplo para a empresa? A simpatia dos executivos dá o exemplo para aqueles que lidam directamente com os clientes.

As empresas simpáticas têm sucesso? A Nordstrom é simpática. Pergunte-lhes.

SEGREDO:

Os manda-chuvas da empresa (ou donos de pequenas empresas) têm de criar um ambiente simpático *assim como* formar os colaboradores para serem simpáticos *e* para serem (agirem) de modo simpático a toda a hora.
A simpatia tem de ser "deliberada".

E a pergunta final é: Até que ponto você é simpático? Se se tornou uma pessoa irritável, céptica e em geral temperamental, é altura de se regenerar ou de partir para outra. A simpatia, tal como a atitude, é interior. Não tem que ver com as circunstâncias, mas sim com o seu desejo de ser amável com os outros... a toda a hora.

RESPOSTA FINAL: O valor da simpatia não tem limites. Não custa nada, no entanto vale uma fortuna. Cria a reputação de uma empresa e cria a *sua* reputação. É a doença mais contagiosa conhecida pelo ser humano — *apanhe-a e propague-a.*

Qual é a melhor forma de estabelecer relações?

77

A melhor forma de conseguir a venda é conquistar primeiro o potencial cliente. Se descobrir temas ou interesses em comum com um potencial cliente, pode estabelecer uma amizade profissional. Existem mais probabilidades de se fazer uma compra a um amigo do que a um vendedor.

O que faz para estabelecer relações? Faça pesquisas e perguntas. É suficientemente inteligente, sincero e observador para descobrir algo para além de negócios para iniciar uma conversa?

Aqui estão algumas estratégias que pode experimentar:

Numa reunião no escritório ou local de negócios de um potencial cliente, procure pistas assim que entrar. Este é o local mais fácil para estabelecer relações. Fotografias, condecorações, prémios na parede ou revistas de que o potencial cliente é assinante e que não se relacionam com o negócio. Quando entrar no escritório do potencial cliente, procure fotografias de crianças ou de acontecimentos, objectos nas estantes, livros, diplomas, prémios, objectos na secretária ou qualquer coisa que revele gostos pessoais e/ou actividades pós--laborais. Faça uma pergunta sobre um prémio ou troféu. Faça uma pergunta sobre um diploma ou fotografia. O seu potencial cliente terá todo o gosto em falar sobre o que fez ou o que gosta de fazer.

Tente cativá-lo com uma conversa inteligente com perguntas interessantes sobre os seus interesses. É obviamente melhor se for um especialista na matéria, porque é aí que a relação é estabelecida.

E se ambos tiverem um grande interesse, isso *são pontos em comum*, que é o segredo para estabelecer relações.

Faça o potencial cliente falar sobre as paixões dele e o que o faz feliz. E se for uma paixão sua — JÁ ESTÁ.

Utilize humor. Faça o potencial cliente rir. Rir é estabelecer laços afectivos e prepara um ambiente descontraído para uma apresentação positiva.

Quando o potencial cliente vai até ao seu local de negócios é mais difícil encontrar pontos em comum, porque não tem a vantagem dos objectos reveladores que estariam presentes nas instalações dele. Portanto, mostre-lhe o seu local de trabalho e ouça com atenção as observações dele. Elas dir-lhe-ão se existe algo em si que desperta interesse nele.

Seja simpático. Faça perguntas envolventes e um pouco mais profundas. Perguntas superficiais ou conversas sobre o tempo, ou "conseguiu chegar cá facilmente?", devem ser evitadas a todo o custo. Tente descobrir o que ele fez no fim-de-semana anterior ou o que vai fazer no próximo. Faça uma pergunta sobre um filme ou jogo. Evite política, religião, problemas pessoais dele e, por favor, não se lamente dos seus problemas.

RESPOSTA FINAL: As pessoas adoram falar sobre si próprias. Faça a pergunta certa e vai ser difícil calá-las. O objectivo é encontrar um tema, ideia ou situação sobre o qual tem conhecimento *mas também* no qual está interessado. Está numa missão. Numa missão de vendas. Mas posso garantir-lhe que existem mais probabilidades da missão ser cumprida se tiver feito um amigo antes de fazer a apresentação.

Qual é a melhor forma de iniciar uma relação?

A sua mãe é que tinha razão. Quando era criança e brigava ou discutia com um irmão ou amigo, a sua mãe dizia: "Billy, devias ter mais juízo! Sê amigo do Johnny." A sua mãe nunca lhe disse para utilizar a conclusão da escolha alternativa[*] ou a conclusão de ângulo pronunciado[**] com o Johnny. Ela apenas disse para ser amigo dele. Essa pode ter sido uma das lições de vendas mais fortes que alguma vez recebeu.

> Estima-se que 50 por cento das vendas são realizadas como resultado da amizade.

Eu digo que o número é mais elevado.

No Sul dos EUA chamam-lhe a "rede dos velhos amigos". No Norte dizem que é "quem você conhece", mas são simplesmente vendas que resultam da amizade.

Se pensa que vai conseguir a venda apenas porque tem o melhor produto, o melhor serviço ou o melhor preço — vá sonhando! Nem lá perto. Se 50 por cento das vendas são realizadas com base na amizade, e ainda não se tornou amigo do potencial cliente (ou cliente actual), está a perder 50 por cento do seu mercado.

---

[*] **N. T.** No original, *alternative of choice close*. É uma técnica de conclusão de vendas em que oferece ao cliente uma escolha alternativa.

[**] **N. T.** No original, *sharp angle close*. É uma técnica de conclusão de vendas utilizada quando o cliente lança um desafio ao vendedor. O vendedor responde à pergunta do cliente com outra pergunta.

Os amigos não precisam de persuadir os amigos com técnicas de vendas. Pense bem, não precisa de técnicas de vendas quando convida um amigo para sair ou quando pede um favor — simplesmente convida e pede. Quer fazer mais vendas? Não precisa de mais técnicas de vendas, precisa de mais amigos.

Pense nos seus melhores clientes. Como é que eles chegaram a esse nível? Não tem uma excelente relação com eles? Se for amigo dos seus melhores clientes, isso eliminará (muitas vezes) a necessidade de conferir preços, de negociações de preço e de exigências de datas de entrega. *Ocasionalmente*, até pode fazer asneira e mesmo assim não os perder.

Existe outro grande bónus em serem amigos — a concorrência é praticamente eliminada. O seu concorrente mais temível não o conseguiria afastar de um cliente que também é um amigo.

A maioria dos vendedores pensam que telefonar a um cliente sem o objectivo de vender é estar a desperdiçar uma chamada. Nada poderia estar mais longe da verdade.

Como é que se começa a construir amizades e relações? Devagar. Construir uma relação leva o seu tempo. Construir uma amizade leva o seu tempo. Se estiver a ler isto e a pensar "Não tenho tempo para estas coisas de relações, estou demasiado ocupado a fazer vendas", procure uma nova profissão — esta não durará muito.

Um local diferente do escritório será óptimo para começar a construir amizades e relações. Eis alguns lugares para se encontrarem ou para levar o seu cliente: a um jogo, ao teatro, a um concerto, a uma galeria de arte, a um evento após o horário de trabalho na Associação Comercial, a um projecto de auxílio comunitário, a um pequeno-almoço, a um almoço, a um jantar, a um seminário organizado pela sua empresa. Se o seu cliente tiver filhos, arranje uns bilhetes para o cinema na sua cidade e vá no fim--de-semana. Converse sobre solidificar a vossa relação — o cinema é divertido e não é só para crianças.

Ter mudado do Norte para o Sul dos EUA ajudou-me a compreender o valor dos amigos nos negócios. É muito mais fácil fazê-los no Sul.

Converso muitas vezes com pessoas que se lamentam de não conseguirem contornar ou entrar na chamada "rede dos velhos amigos". Isso é o maior disparate e a desculpa de vendas mais esfarrapada que alguma vez ouvi. Tudo o que o vendedor está a dizer é que não consegue estabelecer uma relação ou fazer um amigo E OUTRA PESSOA CONSEGUE.

SEGREDO:

Pode ganhar uma comissão
utilizando uma técnica de vendas
e fazendo uma venda.
Pode ganhar uma fortuna
criando amizades e relações.

Onde devo fazer *networking*?

Faça *networking* onde os seus clientes fazem. É provável que encontre aí mais potenciais clientes como eles.

Fazer *networking* em ambientes de elevada probabilidade é uma resposta, mas não a resposta.

O *networking* é uma questão de escolha. Tudo o que lhe estou a pedir é que faça uma escolha inteligente.

RESPOSTA FINAL: Se está à procura *da* resposta, é ter um plano de *networking* que inclui cerca de dez horas por semana. Pode ser um grupo de negócios. Poder ser uma reunião de uma associação comercial. Pode ser um jogo. Pode ser teatro. Pode ser um grupo de amantes de desporto. Pode ser uma galeria de arte. Pode igualmente ser um evento de beneficência. Conheci alguns dos meus melhores potenciais clientes ao participar em corridas de atletismo. Às sete da manhã antes de uma corrida de dez quilómetros, toda a gente é igual. Sem fato e gravata. Sem "guardiões", apenas pessoas a tentar bater o seu recorde pessoal. E, no final da corrida, as pessoas estão dispostas a falar — sobre tudo.

Dica Red❊Bit Gratuita: Quer a minha lista dos 15,5 melhores locais para fazer *networking*? Vá a www.gitomer.com, registe-se se for um novo utilizador e escreva a palavra NETWORKING no espaço RedBit.

Como posso desenvolver um *slogan* comercial eficaz de 30 segundos?

Muitas vezes denominado discurso de elevador ou *slogan cocktail*, eu chamo-lhe *slogan* pessoal de 30 segundos, porque achei que o compreenderia com base em todos os *slogans* pessoais que já viu na televisão. Alguns dos quais chamam a sua atenção. A maioria dos quais o fazem agarrar no telecomando.

> O segredo de um *slogan* de 30 segundos é a palavra "cativar".

Consegue cativar o outro de uma forma que ele fica interessado em conversar consigo? Depois dos 30 segundos acabarem, conseguirá praticamente saber se ele ficou envolvido ou não pelo modo como responde.

Depois de passar a sua mensagem, o seu dever é começar a fazer perguntas para descobrir alguma coisa que tenha em comum com o outro (terra natal, universidade, filhos, equipas de desporto). Se conseguir cativar com o seu *slogan* pessoal e encontrar algo em comum, então é provável que consiga uma reunião e possivelmente um cliente.

Pessoalmente, gosto de fazer perguntas primeiro e apresentar o meu *slogan* depois. Gosto de saber mais sobre o outro antes de lhe falar sobre mim, mas tenho *muita* experiência em cativar.

Aqui estão alguns exemplos de *slogans* de 30 segundos:

O *SLOGAN* "DAR PRIMEIRO": Uma pergunta de cinco segundos que cativará completamente o outro sem sequer dizer uma palavra sobre si. Apresente-se e depois diga o seguinte: "Bill, eu conheço muitas pessoas e uma das melhores formas de ficar a conhecê-las, e de elas me ficarem a conhecer, é perguntar 'Qual é o cliente perfeito para si?' E depois de responder, farei uma pesquisa na minha base de dados mental para ver se conheço alguém que seria um bom potencial cliente para si."

O *SLOGAN* "O QUE É QUE VOCÊ FAZ?": Esta pergunta já foi feita milhares de vezes. Alguém está a pedir o seu *slogan* de 30 segundos. Eu pego no meu cartão pessoal em forma de moeda, entrego-o à pessoa e digo: "Sou o melhor formador de vendas do mundo." As pessoas são forçadas a olhar para a moeda. A maioria nunca viu um cartão pessoal em forma de moeda. Podemos conversar sobre isso durante alguns minutos. Depois pergunto: "Quantos dos seus vendedores não atingiram os seus objectivos de vendas no ano passado?" E estamos no bom caminho. Totalmente envolvidos.

O *SLOGAN* CÓMICO: Quando alguém me pergunta o que eu faço, respondo: "Ajudo grandes empresas com os seus orçamentos para a formação em vendas, até já não haver nenhum."

O *SLOGAN* AINDA MAIS CÓMICO: Estava sentado ao lado do meu fotógrafo Mitchell Kearney. Estávamos a apresentar *slogans* de 30 segundos ao nosso grupo de *networking*. Mitchell tinha um dos meus livros na mão, aberto numa página com uma fotografia minha que ele tinha tirado. De repente (sem aviso), agarra-me pela camisa, puxa-me da cadeira e diz de forma entusiástica: "Estão a ver este tipo?" Depois apontando para a fotografia no livro: "Fiz com que parecesse assim!" A multidão riu às gargalhadas e Mitchell fez algumas vendas nessa manhã. Um *slogan* de dez palavras. Talvez o melhor de sempre.

O *SLOGAN* "CRIAR UM DÉFICE COMERCIAL": (Você vende seguros de vida e planos financeiros.) Comece por fazer duas perguntas: "Bill, quanto dinheiro acha que vai precisar para se reformar?" (Espere por uma resposta precisa.) "E que parte dessa quantia tem agora?" (E espere por uma resposta precisa.) E depois diga: "A minha função é levá-lo de onde está agora, para onde quer ir. E não sei se o posso ajudar ou não, mas se me trouxer alguma informação relevante num almoço rápido quando for conveniente para ambos, darei uma vista de olhos. Se achar que o posso ajudar, digo-lhe qualquer coisa. E se achar que não o posso ajudar, também lhe digo qualquer coisa. Acha justo?"

NOTA IMPORTANTE: Independentemente do tipo de anúncio que fizer, certifique-se de que o outro sabe o que faz quando acabar. Ser vago faz com que pensem que está metido em algum esquema de *marketing* de vários níveis. Independentemente do que disser, tenha orgulho nisso. E seja estusiástico em relação a isso.

A DESVANTAGEM INJUSTA: Se for a uma feira comercial ou a um evento de *networking*, levo uma dúzia de livros e autografo-os para aqueles que vou conhecendo. Pelo preço de um livro, crio um nível totalmente diferente de interesse.

Se existe um segredo para um *slogan* de 30 segundos, ele é: Cumpra os 30 segundos.

Dica RedBit Gratuita: Se gostaria de ter algumas ideias sobre como fazer melhores perguntas cativantes, vá a www.gitomer.com, registe-se se for um novo utilizador e escreva as palavras SMART QUESTIONS no espaço RedBit.

Quanto tempo devo dedicar ao *networking*?

81

O tempo que passa a fazer *networking* deve ser directamente proporcional ao número de relações que quer desenvolver e ao número de clientes com quem quer estabelecer uma relação de amizade.

Quando me mudei para Charlotte há 18 anos, não conhecia ninguém. Quero dizer, conhecia uma pessoa — mas ela não conhecia ninguém. Então, comecei a fazer *networking*.

A primeira coisa que fiz foi tornar-me membro da Associação Comercial de Charlotte e descobrir a que reuniões devia assistir para começar a conhecer outras pessoas com pequenos negócios.

A segunda coisa que fiz foi subscrever o *Charlotte Business Journal* e lê-lo do princípio ao fim todas as semanas. Eu lia os artigos, os anúncios e via especialmente o calendário das reuniões na última página do jornal, para ver se havia reuniões importantes ou feiras comerciais a que devesse assistir.

Assim que comecei a fazer amigos, decidi que precisava de algo que me diferenciasse dos outros. Então, fiz um cartão pessoal para a minha gata, Lito. O título era "Mascote Empresarial". A minha gata tornou-se imediatamente um ícone e onde quer que fosse, vinha sempre alguém ter comigo para pedir o cartão dela. Isso foi há 18 anos atrás. Mas ainda mo pedem.

O tempo que passava a fazer *networking* continuou a crescer até, finalmente, o fazer 20 horas por semana. Isso incluía cantar *karaoke* duas vezes por semana num bar sofisticado que todos os manda--chuvas de Charlotte frequentavam. E fiquei a conhecê-los cantando.

Quanto tempo deve dedicar ao *networking*? Pelo menos cinco horas por semana, mas mais próximo das dez.

Uma palavra de aviso: os resultados do *networking* não acontecem num curto espaço de tempo. Os seus melhores resultados surgirão depois de aparecer em eventos e de apresentar valor de modo sistemático.

RESPOSTA FINAL: Se realmente quiser tirar partido do tempo que dedica ao *networking* e ao estabelecimento de relações — comece com o meu próximo livro, *The Little Black Book of Connections*.

Quais são os segredos do *networking* de sucesso?

Muitos participam em eventos de *networking*. Muito poucos, na realidade, sabem como estabelecer um *networking* eficaz. Mais abaixo pode encontrar algumas técnicas e ferramentas que pode utilizar para ser um *networker* mais eficaz, produtivo e lucrativo.

As regras fundamentais do *networking* são...

1. Apareça cedo, pronto para trabalhar, munido de cartões. Preparado e entusiasmado.

2. Se assistir a um evento de negócios com um amigo ou sócio, separem--se. É uma perda de tempo andarem, falarem e sentarem-se juntos.

3. Caminhe por entre a multidão uma vez. Familiarize-se com as pessoas e com o local.

4. Dê um aperto de mão firme. Ninguém quer dar um aperto de mão a um "peixe morto".

5. Torne o seu *slogan* de 30 segundos irresistível de ser ouvido. Pergunte e faça.

6. Memorize bem o seu *slogan* de 30 segundos. Mas não o apresente de forma não-espontânea.

7. Esteja feliz, entusiasmado e positivo. Não esteja a resmungar nem a lamentar-se do seu "dia complicado". As pessoas querem fazer negócio com um vencedor, não com um lamentador.

8. Não perca tempo se a pessoa não for um bom potencial cliente. Afaste-se com elegância.

9. Não seja intrometido. Interromper pode criar uma má primeira impressão. Esteja por perto e avance quando surgir uma pausa ou uma abertura.

10. Coma cedo. É difícil comer e socializar. Coma assim que chegar para poder ter as mãos livres para cumprimentar, falar sem cuspir comida e interagir com a multidão com eficácia.

11. Não beba. Se todos estiverem um pouco descontraídos, terá a distinta vantagem de estar sóbrio. Beba umas cervejas depois do evento para comemorar todos os seus contactos.

11,5. Fique até ao fim. Quanto mais tempo ficar, mais contactos fará.

RESPOSTA FINAL: Se disser "Vou a eventos de *networking*, mas não encontro muitos potenciais clientes", significa que não está a seguir os princípios fundamentais *ou* que não está a fazer o *networking* onde estão os seus principais potenciais clientes. O *networking* funciona. Poderá não estar a utilizá-lo de modo a retirar vantagens em seu proveito.

MAIS UM COMENTÁRIO: A selecção dos eventos é tão importante como o *networking* em si. Todas as semanas o seu jornal de negócios publica uma lista de eventos de negócios e a sua Associação Comercial publica um calendário mensal. E não ignore eventos sociais e culturais como possibilidades de fazer *networking*. Seleccione os eventos que poderão atrair os seus clientes ou aqueles que quer conhecer.

Como posso conseguir melhores *leads* do que todos os outros?

A resposta fácil é descobrir
os potenciais clientes mais adequados,
de maior qualidade, que têm muito dinheiro
e que precisam do que vende.
Se gostaria de ter uma lista destas pessoas,
ela está disponível na Disney World,
na área conhecida como Terra da Fantasia.

ESTA É A VERDADEIRA RESPOSTA:

A *lead* de maior qualidade é um contacto não solicitado. (O potencial cliente telefona-lhe directamente e quer comprar.)

A segunda *lead* de maior qualidade é uma referência proactiva de um cliente. (O seu cliente telefona-lhe e dá-lhe o nome de alguém que ele pensa que quer comprar — ou que ele diz que quer comprar.)

A terceira *lead* de maior qualidade é uma referência reactiva de um cliente. (Uma referência que pede e que o cliente dá sem ter de o instigar muito.)

A seguir vem o *networking*. A sua capacidade de estar pessoalmente com um grupo de potenciais clientes.

Suponhamos que vende material para telhados e está na reunião mensal dos construtores. Todos os empreiteiros e construtores, que poderiam ser seus clientes, estão lá. Tem três opções.

1. Pode aparecer, beber umas cervejas, conversar com todos (incluindo os seus colegas de trabalho), talvez até agendar uma reunião e depois ir para casa. Má opção.

2. Pode planear previamente a reunião seleccionando as quatro ou cinco pessoas com quem quer estabelecer relações. Telefone-lhes ou envie-lhes um *e-mail* antecipadamente e diga-lhes que está ansioso para as encontrar na reunião. Boa opção.

3. A melhor opção é ser o orador convidado na reunião. O seu tópico poderia ser — "O telhado deixa entrar água e agora?" E faça um discurso que ajude os construtores e os empreiteiros a manter a sua rentabilidade e a sua qualidade. Depois do discurso, todos irão ter consigo e dirão: "Excelente discurso!" Literalmente, irá conhecer todos na sala. EXCELENTE OPÇÃO.

RESPOSTA FINAL: Recomendo ainda que seleccione e estabeleça relações com os seus *targets*. Deste modo, consegue conhecer todos — e convencer alguns. Mas o ingrediente secreto é ser visto como o líder, para que pessoas de qualidade se sintam atraídas por si.

Como posso conseguir testemunhos?

Uma palavra: Conquiste-os. Pode conquistá-los entre o momento em que faz a venda e a altura em que os clientes precisam do produto outra vez. O modo como os atende, o serviço que lhes presta, o modo como lhes responde e a forma como comunica com eles define o destino da sua relação e o destino da sua reputação.

Os seus clientes irão falar sobre si. A única pergunta é: como? Quanto mais pontual for, quanto mais simpático for, quanto mais valor oferecer, quanto mais memorável for — mais probabilidades terá de conquistar um testemunho proactivo.

Não confunda conquistar uma referência com conquistar um testemunho. Um testemunho são palavras amáveis ditas sobre si. Um **testemunho** de um cliente é a prova de que o que disse é verdade e de que as alegações que faz são válidas. Uma **referência** é uma *lead* para um potencial cliente novo. Tratar o cliente bem, ou tratar o cliente muito melhor do que ele esperava, fará com que conquiste as duas coisas. Mas um testemunho pode fazer centenas de vendas por si.

RESPOSTA FINAL: Só conseguirá o testemunho se o merecer. O testemunho é um relatório de avaliação, não é apenas uma prova de que teve um bom desempenho, é também uma prova de que o cliente confia em si (confiança suficiente para pôr o nome dele ao lado do seu).

Conquistar um testemunho tem tudo que ver com ser o melhor que conseguir ou ainda mais. Dê outra olhadela à pergunta três: "Como posso fazer o meu melhor todos os dias?"

Qual é o poder de um testemunho na conclusão de uma venda?

85

> Um testemunho é
> o único caminho seguro
> para a *eliminação dos riscos*
> na mente do
> potencial cliente.

Pense na sua própria vida. Está a pensar comprar uma casa num bairro novo. A rua que escolheu está meio habitada. O vendedor continua a dizer-lhe: "Quando a rua estiver cheia, as casas começarão a valorizar e esperamos pelo menos um aumento de 30 por cento no preço das casas. O momento para agir é agora."

Você está a pensar: "Eu adoro a casa *e* tenho dinheiro para a pagar!" Então decide ir conversar com alguns dos seus potenciais vizinhos. Dois dizem que as casas estão a cair aos bocados. Um diz que o seu carro foi assaltado. Um diz que o construtor nunca terminou as obras que prometeu. E um diz que vai pôr a casa à venda no mês seguinte.

Ainda quer a casa? Ainda gosta da casa? Ainda quer a casa que o vendedor lhe disse que ia valorizar?

Ou avalia de modo diferente o bairro agora que falou com os vizinhos? Os testemunhos superam os motivos dos vendedores *e* a sua decisão emocional de comprar. Muito forte, não é?

Agora vamos ver o contrário. Suponha que foi falar com os seus potenciais vizinhos e que todos disseram: "É o melhor sítio onde alguma vez vivemos. Adoramos os nossos vizinhos. É totalmente seguro. Os nossos filhos adoram a piscina. As nossas casas valorizaram todas."

Qual é a sua decisão agora? Vai comprar a casa o mais rápido possível.

RESPOSTA FINAL: O testemunho irá reforçar ou destruir as palavras de um vendedor. Um testemunho consegue fazer uma venda quando um vendedor não consegue.

Veja! Lá em cima no céu. É um pássaro!
É um avião! **É um testemunho!**
Mais poderoso do que
um vendedor veloz,
capaz de transpor objecções de venda
num único salto.
E que, disfarçado de terceiro
elemento amável, defende a verdade,
a justiça e a forma correcta
(de fazer vendas).

O que estou a fazer para evitar perder os meus melhores clientes?

A resposta é: provavelmente nada.

A maioria das empresas dão os seus melhores clientes como certos. O mesmo faz a maioria dos vendedores. A maioria das empresas gabam-se de como os seus clientes as adoram, mas não fazem nada de modo proactivo para garantir que continuam a fazer negócio com eles. O mesmo faz a maioria dos vendedores.

Eis 3,5 ideias para manter a lealdade dos seus melhores clientes:

IDEIA 1: Agende reuniões trimestrais para determinar de que modo as expectativas dos seus clientes estão a ser cumpridas. Convide TANTO os compradores COMO os utilizadores. Inicie discussões francas com profissionais de todos os níveis que utilizam o seu produto ou serviço. Por exemplo, pode vender as suas fotocopiadoras ao departamento de compras, mas os assistentes de direcção e o pessoal administrativo é que as utilizam. Pode ter um bom relacionamento com o agente de compras e pensar que a próxima venda está garantida, mas o pessoal administrativo odiar as suas máquinas, odiar o seu serviço e odiá-lo a si. Neste preciso momento podem estar a redigir uma carta sobre as suas máquinas intitulada: "Tirem estes pisa-papéis daqui." Concentre a sua atenção em todos os profissionais de todos os níveis que utilizam o seu produto ou serviço.

IDEIA 2: Transmita aos clientes semanalmente outra coisa que não uma mensagem de vendas. Eu utilizo a minha *e-zine* chamada *Sales Caffeine*. As pessoas recebem uma mensagem de valor semanal minha que contém valiosas dicas, ideias e estratégias de venda. O que é que os seus clientes recebem?

IDEIA 3: Crie programas de parceria onde trabalham em conjunto para o bem comum. Iniciativas comunitárias, eventos de beneficência, até um torneio de golfe. Algo que façam juntos que construa a relação e que fortaleça os laços afectivos.

IDEIA 3,5: Crie uma campanha publicitária de testemunhos utilizando os seus dez melhores clientes. Pense num anúncio de uma página inteira no jornal da especialidade ou jornal de negócios local, que mês após mês inclui os seus melhores clientes a dizerem por que é que gostam de si e como é fantástico. Depois pense na sua concorrência a ler o anúncio e a perceber que as esperanças que tinha de roubar os seus clientes foram destruídas. Aumentar a lealdade *e* irritar a concorrência. O que poderia ser melhor?

RESPOSTA FINAL: A perda de um cliente importante é não só devastadora a nível financeiro, mas também a nível emocional. Gera uma perda de moral, uma perda de confiança na empresa e uma nuvem escura e ameaçadora a pairar sobre o negócio. Invista dinheiro na manutenção da lealdade dos seus clientes. É como um seguro. Seguro de clientes.

ACORDAR PARA A REALIDADE: Se perder um cliente importante, o que está disposto a gastar para o recuperar? RESPOSTA: Muito mais do que teria gasto a investir em mantê-lo.

Estou disponível para os meus clientes quando precisam de mim?

Vinte e quatro horas por dia. Sete dias por semana. Trezentos e sessenta e cinco dias por ano.

Este é o tempo mínimo de disponibilidade aceitável.

Alguma vez comprou alguma coisa na Internet depois das 22 horas? Claro que sim. Já toda a gente o fez. Pode ir a uma loja às 11 horas da noite? Ou comprar um brinquedo numa loja de venda a retalho à meia-noite? Hoje em dia, as pessoas compram automóveis à uma da manhã e não acham que seja algo de extraordinário.

Pensa que os seus clientes são diferentes?

Os clientes precisam do serviço disponível a todas as horas. E, é claro, os clientes querem comprar alguma coisa a todas as horas.

E vão comprar à fonte que oferecer maior disponibilidade. Demorou quase dois anos até as grandes cadeias de livrarias compreenderem que a Amazon.com não era uma piada. Têm passado os últimos dez anos e gastado milhões de dólares a tentar alcançar um concorrente que pensavam ser um simples mosquito quando começou. Esse mosquito agora cresceu e tornou-se uma nuvem de mosquito que se abate sobre as vendas das grandes cadeias de livrarias como uma praga.

A incapacidade das grandes cadeias de livrarias reconhecerem que os clientes comprariam livros à meia-noite custou-lhes centenas de milhões de dólares.

Aqui estão 5,5 acções que pode tomar para garantir que está preparado quando os seus clientes precisam de si:

1. Tenha alguém a atender o telefone 24 horas por dia, 7 dias por semana, 365 dias por ano. Sim, fica um pouco mais caro, mas a frase "Para servi-lo melhor, por favor seleccione uma das sete opções seguintes" é não só um aborrecimento para todos os clientes que telefonam, mas também uma mentira descarada.

2. Torne o seu *website* "acessível à assistência ao cliente". É possível pedir assistência técnica ao domicílio no seu *website*? Possibilita a assistência ao cliente?

3. Torne o seu *website* "acessível a perguntas". Todos têm a secção das perguntas frequentes — mas parece que essas nunca são aquelas para as quais eu procuro resposta. Até que ponto a sua capacidade de ser questionado é útil e interactiva?

4. Torne o seu *website* "acessível a vendas". O seu cliente pode fazer uma encomenda? O seu comércio electrónico é de fácil utilização? O seu cliente pode fazer uma compra com um só clique?

5. Crie uma resposta automática ou rápida a todos os pedidos de informação pela Internet ou *e-mail*. As pessoas estão à espera de "instantâneo" — não as desiluda.

5,5. Esteja disponível durante e depois do horário de trabalho. Dê aos clientes o seu número de telemóvel. Dê aos clientes o seu endereço de *e-mail*.

DESAFIO: Visite os *websites* dos seus concorrentes e tente comprar alguma coisa à meia-noite. Tente pedir assistência técnica ao domicílio. Tente contactar alguém por *e-mail*. Agora vá ao seu *website* e faça o mesmo. Você ganhou? Agora telefone para a concorrência. Tente fazer uma encomenda de cem mil dólares. Telefone para a sua empresa e faça o mesmo.

Aquele com quem é mais fácil fazer negócio é aquele que ganha.

Que valor estou a trazer para os meus clientes para além do meu produto e serviço?

Antes de ler a resposta a esta pergunta, quero que pense nisto. A maioria dos vendedores fazem a venda, fornecem o produto ou serviço, tentam responder aos seus clientes em alturas de necessidade, talvez até tentem estabelecer uma relação num almoço ou jogo e depois imploram por uma segunda venda. Ou pior, fazem uma licitação.

Qualquer vendedor que alega ter uma relação e que depois tem de licitar um negócio não está a viver na realidade. Este é o seu caso? Pode ser simpático para os clientes. Os clientes podem ser simpáticos consigo. Mas se o seu preço for dois cêntimos mais alto, você perde. O que é isto? As relações não se baseiam em cêntimos. As relações constroem-se com base no valor. Assim como as novas encomendas.

> Valor é o que você faz *antes* da venda e o que faz *durante* a relação. Você não acrescenta valor — você dá valor.

O valor tem de ser percepcionado pelo cliente. Se pensa que é valor e o seu cliente não for da mesma opinião, não vale nada. Se tivesse de definir "valor" numa frase seria: "O que é que eles ganham com isso?"

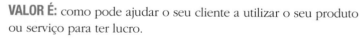

VALOR É: como pode ajudar o seu cliente a utilizar o seu produto ou serviço para ter lucro.

VALOR É: como pode ajudar o seu cliente a utilizar o seu produto ou serviço para produzir mais.

VALOR É: algo que tem que ver com processos e resultados — não com as vendas.

Numa viagem de avião de Charlotte para Newark, ouvi um homem atrás de mim ao telemóvel a dizer ao chefe: "Tenho boas e más notícias. A boa notícia é que tínhamos o melhor produto e a melhor apresentação de entre todos os concorrentes. A má notícia é que eles acharam que o nosso preço era inaceitável." Este é um exemplo clássico de um vendedor sem paixão e sem coragem. Se o potencial cliente considerava que eram os melhores, por que é que não conseguiu que fizessem uma compra?

INDÍCIO PRINCIPAL: O preço não era inaceitável. Há quem compre um Chevy. Há quem compre um Mercedes. Inaceitável era o valor. Do ponto de vista do cliente, o valor percepcionado era zero. Por isso, tudo o que restou foi o preço.

RESPOSTA FINAL: Eu ofereço valor para além do meu produto ou serviço ao escrever livros e artigos que contêm informações importantes que os leitores podem usar, ao discursar em eventos públicos ou em reuniões associativas, ao comunicar com os meus clientes através da minha *e-zine* semanal, ao ajudar os outros sem expectativas e ao ser motivado pelos resultados.

Quando as pessoas vêem o valor
e sentem o valor do
que eu faço, compram.

Por que é que alguns clientes mudam para a concorrência?

Porque estão prontos para mudar. Porque lhes deu a oportunidade de mudar. Porque os deixou desprotegidos e a concorrência os atraiu. Porque se sentiram subvalorizados. Porque foram mal servidos. Porque era muito difícil fazer negócio consigo. Porque tinham um problema por resolver ou vários problemas por resolver. Porque a sua resposta às necessidades deles era lenta ou não inspirava confiança.

NÃO porque conseguiram um preço mais baixo. O preço mais baixo era o sintoma; você fez com que eles agissem de acordo com o problema. Os seus melhores clientes pagam o seu preço.

EIS A VERDADEIRA QUESTÃO: O que está a fazer para evitar mais perdas? Já identificou os verdadeiros motivos para os clientes mudarem para a concorrência ou está só a lamentar-se do "preço"?

Se não corrigir o problema, irão surgir mais "desculpas do preço". Irão acontecer mais perdas de clientes.

RESPOSTA FINAL: Faça uma lista com os últimos dez clientes que perdeu. Telefone-lhes e pergunte: "Porquê?" Vá ao fundo da questão. Poderão ser necessários três ou quatro "porquês" para descobrir a verdadeira razão por que mudaram para a concorrência. Assim que souber os motivos verdadeiros — CORRIJA-OS.

RELATÓRIO DE AVALIAÇÃO DEPOIS DA CORRECÇÃO: Telefone aos clientes que mudaram e volte a conquistá-los.

Como posso conseguir mais recomendações?

A melhor forma de *não* conseguir
recomendações é pedi-las assim que faz
uma venda. GRANDE ERRO.
O que é que ganhou?
Por que é que alguém haveria
de arriscar a recomendação
de uma pessoa ou produto
não referenciado?

"Mas Jeffrey", queixa-se você, "o meu chefe diz que devo pedir uma recomendação assim que fizer uma venda." Sim e o seu chefe está completamente errado. Veja bem, acabou de fazer a venda. Como é que tem a lata de pedir a alguém que o recomende quando ainda não entregou o produto ou serviço?

Está a pôr o seu novo cliente numa posição incrivelmente embaraçosa e incómoda. Por vezes, conseguirá uma recomendação ou duas, mas nunca o recomendarão incondicionalmente até ter fornecido alguma coisa e provado o que vale.

Agora que expliquei o modo como habitualmente pede uma recomendação, permita-me explicar a *melhor* forma de pedir recomendações.

CUIDADO: O método que vou descrever exige trabalho. A maioria dos vendedores (não você, é claro) imploram simplesmente por recomendações, em vez de trabalharem para as conseguir. É por isso que recebem tão poucas.

A melhor forma de conseguir recomendações é fazê-las primeiro. A segunda melhor forma é conquistá-las.

Se combinarmos estas duas formas, obtemos a melhor forma. E pode preparar isso no final de uma venda ao dizer o seguinte: "Sr. Jones, estou encantado que nos tenhamos tornado o seu fornecedor de eleição. Depois de provarmos o que valemos nos próximos meses, gostaria que pensasse naqueles com quem o senhor insistiria que utilizassem o nosso produto ou serviço e vamos marcar um almoço onde o senhor poderia trazer uma ou duas dessas pessoas para se juntarem a nós. E eu trarei um cliente ou dois para si."

RESPOSTA FINAL: Agora que conhece a forma mais eficaz de obter recomendações, faça uma lista dos seus cinco melhores clientes. Comece a pensar em quem conhece, ou como poderá fazer o *networking*, para arranjar alguns potenciais clientes para cada um deles. É assim que começa. Começa por ajudar os outros. Começa por dar aos outros. Assim que começar a pôr o "dar" à frente do "receber", o seu cálice de recomendações irá transbordar.

Qual é a melhor forma de abordar e atrair um cliente recomendado?

A melhor forma
de abordar um cliente recomendado
é não o abordar.

Deixe aquele que o recomendou fazer o primeiro contacto e falar sobre si como uma indicação de terceiros. Talvez até organizar uma reunião ou almoço a três.

Se alguém lhe recomenda um cliente e lhe diz para lhe telefonar, sem ele próprio lhe ter telefonado, não é nada mais do que uma *lead* (e bastante estranha).

Uma recomendação é a venda mais fácil do mundo se for preparada convenientemente. Tem de envolver o seu cliente como um vendedor adicional. Isso irá eliminar quaisquer hesitações e obstáculos.

O problema é que os vendedores ficam tão ansiosos por telefonar a quem foi recomendado, que o fazem da forma errada e perdem metade das vendas potenciais.

Se conseguir cem clientes recomendados, e os cativar da forma certa, deve conseguir fazer noventa vendas. Se verificar que as recomendações representam apenas uma em cada duas vendas, garanto-lhe que a culpa é sua.

"Atrair um cliente recomendado" pode não ser a melhor forma de ver as coisas. "Associar-se aos clientes que recomendam" dá-lhe uma ideia muito mais concreta do que precisa de fazer para maximizar a sua percentagem de vendas.

A primeira coisa que deve
fazer é AGRADECER ao seu cliente.
A segunda coisa é PEDIR AJUDA.

ESTRATÉGIA:

1. Faça com que o seu cliente lhe dê a recomendação o mais próximo possível da venda.

2. Faça com que o seu cliente telefone e faça uma apresentação.

3. Faça com que o seu cliente organize um telefonema a três.

4. Faça com que o seu cliente organize um almoço a três.

4,5. Faça com que o seu cliente lhe diga tudo o que precisa de saber para causar um impacto pessoal.

RESPOSTA FINAL: O cliente ou pessoa que lhe deu a recomendação é o *melhor* recurso para o ajudar a fazer a venda. Assim que tiver todas as informações de que necessita, e assim que o cliente tiver organizado a reunião e o tiver ajudado de todas as formas possíveis, agradeça-lhe arranjando-lhe uma recomendação.

Quantos estão a "espalhar a minha palavra" por mim?

Isso depende do quanto a palavra que está a tentar espalhar é forte.

Pense em Paul Revere. "Os Ingleses vêm aí! Os Ingleses vêm aí! Uns por terra. Outros por mar." Estas palavras foram espalhadas por todos os EUA. E o resultado foi revolucionário.

Se fez alguma coisa positiva, quero dizer, mesmo muito, muito positiva, o seu cliente irá contar essa história cerca de dez vezes (tal como você). Se fez alguma coisa negativa — mesmo muito, muito negativa, ele irá contar a história 50 vezes (tal como você).

Se não fez nada de memorável, nem de positivo nem de negativo, o mais provável é que ninguém vá contar nada a ninguém.

Pense nisto:
no seu local de trabalho
atende-se o telefone entre 50
a 1000 vezes por dia. Pense no número
mais baixo. Tem 250 oportunidades
por semana para alguém dizer
alguma coisa positiva, nada ou alguma
coisa negativa. A escolha é sua.

Esta é a parte mais fácil. Agora falemos da forma como vende e da forma como faz negócio. É aí que a verdadeira "palavra" entra em acção.

> Quanto mais simpático for, mais fácil é fazer negócio consigo; quanto mais ideias tiver para os outros, mais extraordinário é o seu serviço; quanto mais cumpre para além do que promete, mais a "palavra" será espalhada sobre si.

RESPOSTA FINAL: Este é o termo de comparação. Se o seu telefone estiver a tocar por causa de recomendações não solicitadas e lhe disserem algo como "Estive a falar com um dos seus clientes hoje e ele insistiu para que eu lhe ligasse", isso significa que estão a espalhar uma palavra positiva sobre si. Se o seu telefone não estiver a tocar, isso é igualmente um relatório de avaliação, mas não um que tivesse orgulho em mostrar aos seus pais.

ACORDAR PARA A REALIDADE: Agora que sabe como a resposta é eficaz, o que vai fazer em relação a isso? Como se vai promover, como se vai posicionar e como vai vender e prestar um serviço de uma forma memorável que irá criar essa "palavra"? Pense na "palavra" como se fosse dinheiro. Porque quanto mais espalharem a "palavra", mais vendas conseguirá fazer.

PARTE SEIS
Construir a sua marca pessoal

JÁ COMECEI A DESENVOLVER A MINHA MARCA PESSOAL. POR AGORA, TUDO O QUE TENHO É ESTE B.

O MARLON BRANDO É QUE NÃO ÉS! TENHO FOME. ONDE ESTÁ A MINHA COMIDA?

Como me posso diferenciar da concorrência?

Todos os vendedores acreditam erradamente que, porque *pensam* que o produto deles é melhor, todos os clientes terão a percepção que eles são diferentes dos outros. E estão enganados.

O primeiro diferenciador-chave é você, o vendedor. Pode diferenciar-se dos outros através das perguntas que faz, das ideias que traz para a reunião e do modo como comunica com os clientes.

Diferencia-se dos outros
ao **ESTAR MAIS BEM PREPARADO** do que eles.

Diferencia-se dos outros
ao **SER MAIS CATIVANTE** do que eles.

Diferencia-se dos outros
ao **FAZER PERGUNTAS MELHORES** do que eles.

Diferencia-se dos outros
ao **TER UM SISTEMA DE CRENÇAS MAIS PROFUNDO** do que eles.

Diferencia-se dos outros
ao **APRESENTAR UM MAIOR VALOR PERCEPCIONADO** do que eles.

Diferencia-se dos outros
ao **APRESENTAR IDEIAS CRIATIVAS QUE SÃO MELHORES** do que as deles.

Diferencia-se dos outros
ao **SER UM COMUNICADOR MELHOR** do que eles.

Diferencia-se dos outros
ao **SER MAIS ENTUSIÁSTICO** do que eles.

A realidade é que a maioria dos produtos são vistos como sendo iguais.
A realidade é que a maioria das empresas são vistas como sendo iguais.
A realidade é que a maioria dos vendedores são vistos como sendo iguais.

Se quiser fazer a diferença, esta reside nas perguntas que faz e que o seu concorrente não faz. São as ideias que leva para as apresentações de vendas que fazem o cliente dizer "Uau" ou pelo menos pensar isso.

RESPOSTA FINAL: A realidade é que não existe diferença entre você e a concorrência, salvo se os seus clientes ou potenciais clientes percepcionarem alguma diferença. E essa percepção baseia-se em 80 por cento no desempenho e atitude do vendedor.

A realidade é —
o diferenciador-chave é VOCÊ.

EU PERCO ALGUM TEMPO A LAMBER A CARA DOS CLIENTES, ABANO A CAUDA QUANDO ELES FALAM E DOU UNS SALTINHOS QUANDO ENTRAM NA SALA. É ISSO QUE ME DISTINGUE DE TODOS OS OUTROS VENDEDORES!

Com que frequência estou com os meus clientes?

94

RESPOSTA: Não com a frequência suficiente. Os vendedores, as suas respectivas empresas e *especialmente* os colaboradores na área do *marketing* das empresas (ou agência de publicidade) não compreendem a realidade. Pensam que as vendas têm que ver com quem eles são e com o que fazem.

Entretanto, os clientes apenas estão interessados neles próprios e em como podem melhorar os seus negócios.

"Ser visto pelos seus clientes" pode acontecer de várias formas. Obviamente, os encontros pessoais são os mais eficazes. Mas estes encontros são sempre os menos possíveis de agendar. Os vendedores não conseguem sempre ter tempo, os clientes não conseguem sempre ser encontrados (ou não querem ser encontrados).

Existem aquelas mensagens de *marketing* que elabora numa fraca tentativa de "criar notoriedade" e "construir a marca". Coisas como folhetos informativos novos, brochuras de produtos, uma campanha publicitária e outras perdas de tempo e dinheiro. O que posso dizer de mais consistente sobre os folhetos informativos e sobre as mensagens publicitárias de uma empresa é que são, na maioria dos casos, ignorados ou deitados para o lixo.

Uma campanha publicitária pode ter valor *se* utilizar testemunhos. De outro modo, é apenas uma mensagem que concorre com outras mensagens semelhantes na enorme terra devastada dos *media*.

APRESENTE: A "mensagem de valor". Uma mensagem de valor é algo que os seus clientes vão ler, de que vão beneficiar, que vão passar a outros. E estarão ansiosamente à espera da mensagem seguinte. Uma mensagem de valor é algo que ajudará os seus clientes a ganhar e que o fará parecer um vencedor.

ACORDAR PARA A REALIDADE: Suponha que os seus clientes viam a sua concorrência uma vez por dia com algo de valor e tudo o que tinha era folhetos informativos sobre si e a porcaria que vende? Acredito que deve ser visto pelos seus clientes com uma mensagem de valor no mínimo uma vez por mês, no máximo uma vez por semana.

A minha *e-zine*, *Sales Caffeine*, é um exemplo de uma mensagem de valor. Vá a www.gitomer.com e subscreva-a. Quando receber a primeira edição (imediatamente após a sua inscrição), vai ver do que estou a falar. Contém informações que têm valor sobre vendas que o ajudarão a vender mais. E é GRATUITA. Receba-a, envie-a a outras pessoas e utilize-a como um exemplo para criar a sua própria *e-zine*.

RESPOSTA FINAL: Comece a enviar uma *e-zine* baseada no valor aos seus clientes pelo menos uma vez por mês. Algo curto e conciso, algo que o defina, algo que o diferencie dos outros, algo que ajude os seus clientes a produzir mais ou a ter maiores lucros. Algo que eles se sintam compelidos a reenviar a outros.

DERRADEIRA HIPÓTESE DE ACORDAR PARA A REALIDADE: Se a sua empresa for demasiado estúpida para querer criar e desenvolver uma *e-zine* semanal, baseada no valor, crie você a sua própria *e-zine*.

GRANDE SEGREDO: O activo mais valioso que você (ou a sua empresa) terá nos próximos cem anos é sua a *mailing list*.

O que posso fazer ao meu *website* para levar os clientes a comprarem?

O comércio electrónico é uma parte importante do futuro das vendas. Nas vendas a retalho é agora obrigatório permitir que o cliente possa comprar *on-line* se quiser acompanhar a concorrência. O comércio electrónico tornou-se um modo de vida e tem de tirar partido disso.

> Milhares de milhões são hoje em dia gastos *on-line* — mas em breve serão biliões.

Quase tudo pode ser comprado *on-line* de uma forma ou outra. As companhias aéreas levaram à falência milhares de agências de viagens, simplesmente ao permitirem a venda de bilhetes *on-line*.

> O que está a vender *on-line*?
> O que poderia estar a vender *on-line*?
> O que deveria estar a vender *on-line*?

Estas são provavelmente questões difíceis para si, porque o seu *website* não é de grande qualidade, não é de fácil utilização, não facilita as vendas e contém muito pouco para além dos seus anúncios ridículos e do seu "diálogo interno".

Aqui está o teste: clique em todas as páginas do seu *website* e imprima uma que acha que *tem valor* para os seus clientes. Não estou a falar de informações sobre si ou sobre as suas condições de envio ou sobre o seu horário de funcionamento — estou a falar de coisas de que os seus clientes irão beneficiar e com as quais irão lucrar, a partir do ponto de vista deles. Quanto mais valor existir, mais eles *poderão* querer comprar-lhe algo.

DESAFIO: Clique em todas as páginas do seu *website* que têm algo para vender. Compraria alguma coisa? Já tentou comprar? É fácil? Já contactou clientes que compraram?

Uf! Tenha confiança, o *website* da concorrência provavelmente é tão mau como o seu.

AI AI!: MAS, se não for, está em apuros.

RESPOSTA FINAL: Algumas palavras-chave: Torne-o acessível. Mais algumas palavras-chave: Torne-o divertido. Mais algumas palavras-chave: Torne-o atractivo. Mais algumas palavras-chave: Crie valor para o cliente. Mais algumas palavras-chave: Aceite cartões de crédito. Mais algumas palavras-chave: Guarde endereços de *e-mail*. Mais algumas palavras-chave: Tenha especiais da semana. Mais algumas palavras-chave: Faça isso agora.

CORAGEM DE VENDAS: Se o *website* da sua empresa não for grande coisa, faça o seu próprio *website*.

Pelo que é que é conhecido?

Quando era mais novo, poderá ter tido algum talento estranho. Fazer um barulho esquisito ou uma imitação. Talvez uma habilidade estranha, como dobrar um dedo para trás. Alguma coisa fora do comum, talvez alguma coisa tola, mas as pessoas chegavam ao pé de si e diziam: "Ei, faz a tua imitação do Pato Donald."

Ficou conhecido por isso. Provavelmente fê-lo tantas vezes que já o odiava. Mas fazia de qualquer modo, com aquele estranho sentimento de orgulho por alguém o reconhecer, a si e ao seu talento especial.

Avançando rapidamente para a idade adulta, agora tem o seu cartão impresso.

Destaca-se em alguma coisa?
Qual é o seu talento especial?
Qual é a sua competência especial?

Ainda é fazer imitações de patos
ou dobrar o dedo para trás?
Que feitos especiais realizou que o destacam
dos outros? Em suma, é conhecido
por alguma coisa em especial?

É um óptimo escritor, corredor, jogador de golfe, voluntário ao serviço da comunidade, mãe, pai, esquiador, nadador? É conhecido no trabalho por ser o MELHOR? Os seus clientes pensam em si como sendo o melhor vendedor que lhes telefona? Tem ganho prémios para o provar?

Todos nas vendas se procuram diferenciar dos outros. E os outros não são só a concorrência. São também os seus colegas de trabalho, a sua concorrência interna.

Acredito que, à medida que se tornar conhecido por algo de valor, irá ser mais respeitado e recebido sem grandes hesitações por aqueles que podem ter um impacto no seu sucesso.

Se ler a pergunta 99 sobre reputação, verá que são semelhantes e têm um impacto semelhante. Mas a diferença é que aquilo em que se destaca irá criar a diferenciação, contribuir para a sua reputação e contribuir para a sua aceitação.

É um líder de vendas ou um perseguidor de vendas?

97

Anda a perseguir demasiado os seus potenciais clientes? Não lhe respondem aos seus telefonemas? Está a pressionar demasiado para conseguir encomendas? Tente correr no outro sentido — deixe que sejam os potenciais clientes a persegui-lo. É a melhor técnica de *follow-up* que alguma vez experimentei.

Se os potenciais clientes não estão a responder aos seus telefonemas, de quem é a culpa? Está a persegui-los de mais. Eles estão a fugir. Não conseguiu que eles se interessassem. Não conseguiu que eles o perseguissem.

Este são alguns sintomas que indicam que a perseguição está a ir no sentido errado:
- Fez o *follow-up* algumas vezes e agora está à procura de um motivo para lhes telefonar — não consegue lembrar-se de nenhum.
- Não está à vontade para lhes telefonar, não está preparado, não determinou as necessidades dos potenciais clientes, está inseguro em relação ao estatuto deles ou não tem grande afinidade com eles (ou um pouco de ambas as coisas).
- Telefona, a chamada é atendida pelo correio de voz e desliga.
- Deixou a sua melhor mensagem e não lhe responderam ao telefonema.
- Disseram-lhe que tomariam uma decisão na terça-feira e terça-feira já passou.
- O potencial cliente está a dar-lhe desculpas esfarrapadas e você está a aceitá-las.
- **E o pior de todos os sintomas** — está a culpar o potencial cliente pela sua incapacidade de criar interesse suficiente, valor suficiente ou por não ter uma razão forte para responder ao seu telefonema.

Eis 3,5 formas de fazer com que eles o persigam:

1. Criar um sentimento de urgência ao contar uma história comovente.
Uma história sobre empreendimentos falhados devido a adiamentos. Sugira uma solução. Deixe-os pensar sobre o assunto.

2. Dar apenas alguma informação (uma amostra) sobre como eles podem beneficiar. Coisas que os potenciais clientes podem incluir na vida ou no negócio deles e que de momento não têm. Peça-lhes que ajam de modo a obterem a recompensa ou resposta.

3. Fornecer-lhes informações em resposta ao "Porquê" deles ou sobre o que acredita ser a razão mais forte para eles comprarem. Todos têm uma "razão principal" pela qual querem comprar. Chama-se "motivo de compra". Ofereça uma solução valiosa. Algo melhor do que o que têm agora. Talvez até algo que os deixe ligeiramente incomodados com a actual situação deles — isso faz com que você pareça ser uma bênção — ou pelo menos uma alternativa viável.

3,5. Pense "lucro" e "produtividade" não "preço" e "venda". Os seus clientes querem saber como poderão beneficiar com o facto de fazerem negócio consigo. Querem saber o valor de fazer negócio consigo. Querem que lhes garanta que ganham e lucram mais do que querem para "poupar dinheiro".

NOTA FINAL: Não deixo de ficar surpreendido com o facto de os vendedores não terem noção do que realmente é preciso para fazer o cliente comprar. Continuam a pensar que têm de "pressionar" para fazer a venda e nada podia estar mais longe da verdade. Persistência, sim. Imposição, não.

Se perseguir de mais os potenciais clientes os faz fugir, por que é que continua a fazê-lo? O desafio é conduzir os seus potenciais clientes de forma a que eles o sigam — e se transformem em clientes.

Sou reconhecido por ser "O MELHOR" em quê?

Esta pode ser a resposta mais importante deste livro.

Ser o **MELHOR** não é apenas fazer mais vendas. É melhorar a sua vida e a si próprio. No início da minha carreira, um orador amigo chamado Bert Dubin ensinou-me algumas coisas sobre especialistas. Ele disse-me que havia três tipos de especialistas: um especialista, um especialista de classe mundial e O especialista de classe mundial.

Isso foi em Fevereiro de 1994. Desde então, tenho andado numa missão. Ou, melhor dizendo, NA missão.

A forma como é reconhecido pelos outros irá determinar não apenas a forma como o tratam, mas também como estão dispostos a interagir consigo, a estabelecer uma relação consigo, a comprar-lhe alguma coisa, a ser-lhe leal, a fazer-lhe recomendações, a dar testemunhos em seu favor e a compensá-lo. Se os seus clientes não o considerarem o **MELHOR**, irão fazer o melhor que conseguirem para que baixe o seu preço ou irão simplesmente comprar a outro.

Tornei-me "o **MELHOR** no que faço" ao ler, pensar, observar, discursar e escrever. Não escrevo apenas sobre vendas. Faço vendas e depois escrevo sobre o processo.

A maioria dos vendedores estão concentrados nos objectivos de vendas mensais, nas receitas anuais, talvez em conseguir um aumento, talvez em entrar para um clube exclusivo. Todos estes objectivos são aceitáveis. Mas nenhum tem a palavra **MELHOR** na sua essência. Você é o vendedor número um na sua empresa? Se não é, "porquê"? Ou uma pergunta ainda mais difícil: "O que está a fazer em relação a isso?"

E por falar nisso, **MELHOR** não se aplica só ao seu trabalho ou profissão. **MELHOR** aplica-se igualmente a pai, mãe, amigo ou cônjuge.

Se está a fazer o seu melhor, mais cedo ou mais tarde tornar-se-á o **MELHOR**. Poderá não conseguir observar o seu próprio crescimento, porque está perto de mais dele. Mas pare um pouco para pensar nos últimos anos. Cresceu? Tornou-se melhor?

A resposta provavelmente é sim. Mas a questão é, até que ponto? Poderia ter feito mais? Apenas fez o que precisava de fazer para "desenrascar"?

Aqui está uma forma mais fácil de colocar esta questão: Gastou mais tempo a fazer o quê: a ler ou a ver televisão? Duvido que alguma vez ganhe o prémio de Melhor Telespectador dos EUA (embora se possa qualificar).

A única razão por que **MELHOR** é difícil de obter é que, na sua essência, está o trabalho árduo.

MELHOR NOTA: Se, enquanto lê estas páginas, estiver a fazer a "dança da justificação" (a dizer a si próprio que bom que é ou como poderia ser bom se não fosse...), está apenas a negar a si próprio a oportunidade de passar da satisfação para o sucesso e para a realização. As pessoas satisfeitas atingem os seus objectivos de vendas. Os bons têm sempre sucesso. Os **MELHORES** sentem-se sempre realizados.

O que é que os líderes no meu sector dizem sobre mim?

Nas vendas existem várias formas diferentes de relatórios de avaliação: o número de vendas que faz, o número de recomendações que recebe, entrar num clube exclusivo, eliminar as prestações de pagamento do carro, derrotar a concorrência num grande negócio. **Para mim, o relatório de avaliação mais influente é a sua reputação pessoal.**

Quando os líderes do seu sector conversam, o seu nome é mencionado? Eles sabem que existe? E, se sabem que existe, o que dizem sobre si?

A reputação está ligada ao sucesso. Suponha que em vez de líderes do seu sector tinha dito "líderes da sua comunidade". O que é que eles pensam sobre si? Sabem que existe. E, se sabem que existe, o que estão a dizer sobre si?

A sua reputação, na maioria dos casos, irá antecedê-lo quando inicia uma venda. Se tiver uma excelente reputação, e se for bem conhecido e respeitado, tanto por fazer o que faz como por ser quem é, então a sua posição numa reunião de vendas será de muito mais poder do que se tivesse apenas a fazer uma promoção de vendas para tentar explicar (justificar) ao potencial cliente quem é.

RESPOSTA FINAL: Os líderes do seu sector de actividade são compradores do seu sector de actividade e se eles estão a falar sobre si de uma forma positiva — isso significa que gostam de si e que o respeitam (e, sem licitações, – irão comprar-lhe alguma coisa).

PARTE SEIS VÍRGULA CINCO

O AHA final!

TENHO TODAS AS RESPOSTAS. ESTOU PRONTO PARA AVANÇAR.

SIM, EXCEPTO UMA: ONDE ESTÁ A MINHA COMIDA?

Até que ponto é que gosto do que faço?

99,5

Gosto de vendas?
Gosto do que faço?
Gosto do meu produto?
Gosto da minha empresa?
Gosto dos meus clientes?

Estas não são questões que vêm do nada. São perguntas que influenciam directamente a sua produtividade, a sua atitude, o seu rendimento, o seu sucesso e a sua realização pessoal — para não falar da longevidade no seu actual emprego.

Muitos vendedores estão relutantes em lidar com o "porquê" de estarem no seu emprego actual e de estarem no ramo das vendas. Alguns vendedores responderão "Estou nisto pelo dinheiro", outros responderão "Preciso do dinheiro", outros dirão "Tenho contas para pagar e dívidas para saldar" e outros mais dirão "Tenho família". O que não se ouve é: "Não poupei o suficiente para fazer o que realmente quero fazer." E, infelizmente, são ainda menos os que estão dispostos a mudar de emprego.

Se não gosta do que faz, não está a fazer um favor a alguém ao ficar na sua actual situação. A sua atitude e o seu moral serão negativos, irá queixar-se de tudo e culpará tudo e todos pela sua infelicidade e incapacidade.

E EXISTE UM BÓNUS: O seu chefe andará em cima de si para aumentar os seus números. Os seus clientes ficarão incomodados com a sua falta de atenção e atingirá um nível de mediocridade.

Em que é que está a pensar?

Alguns vendedores detestam o seu emprego, mas não desistem porque "fazem muito dinheiro". **PISTA:** A pior razão para manter um emprego é estar a fazer muito dinheiro. Quando o dinheiro é o seu motivo, a única preocupação é fazer a venda sem se preocupar em construir a relação — uma fórmula para o desastre a longo prazo.

Ah, poderá ter algum sucesso a curto prazo, mas, quando estiver em casa à noite, estará a afogar as mágoas em televisão, cerveja e tudo o mais, excepto na preparação para o dia seguinte.

Poderá escapar com este comportamento durante algum tempo, mas no final estará a ler a secção de emprego nos classificados do jornal de domingo ou a publicar o seu CV *on-line*, à espera de uma melhor oportunidade.

O mais interessante para mim é que os vendedores que procuram uma "melhor oportunidade" são exactamente aqueles que *não* olham para aquilo que já têm. (Ler *Acres of Diamonds* de Russell Conwell para obter a lição completa.) A maioria dos vendedores não compreendem que, quando se tornarem o melhor que conseguem ser, conseguirão atrair as ofertas certas em vez de ter de as procurar.

Permita-me voltar para o lado positivo. O objectivo desta resposta é apresentar-lhe uma fórmula que possa utilizar para descobrir se está no sítio certo ou como encontrar o sítio certo.

AQUI ESTÁ A FÓRMULA: Se estiver no ramo das vendas e adorar vendas, pergunte primeiro a si próprio: "Se conseguisse vender qualquer coisa, o que venderia?" Se a resposta a essa pergunta não for o que está actualmente a vender — descobriu parte do problema. No entanto, esta fórmula não é sobre trocar de emprego imediatamente; esta fórmula é sobre tornar-se o melhor vendedor que conseguir ser em cada tarefa em que se empenha. Se for trocar um emprego por outro, por que é que não estabelece o recorde da empresa para o maior número de vendas antes de se ir embora?

Vender é muito parecido com correr numa prova de atletismo. Não tem de ganhar a prova, mas tem de bater o seu recorde pessoal de cada vez que corre.

Se os seus números forem baixos ou medíocres num sítio, o que o faz pensar que serão melhores noutro lado? É que a fórmula envolve mais do que simplesmente gostar do que faz — também tem que ver com possuir as competências para fazer o que gosta (ou dedicar-se a adquiri-las.)

Assim que tiver definido o que gosta de fazer e se tiver dedicado a adquirir as competências, a terceira parte tem que ver com acreditar. Tem de acreditar na sua empresa — acreditar no seu produto — acreditar no seu serviço — e acreditar em si próprio. Se acreditar profundamente que tudo é " melhor", transmitirá a sua mensagem com tanto entusiasmo que os outros serão contagiados pela sua paixão. Uma autoconvicção profunda criará entusiasmo e paixão.

A parte final tem que ver com atitude. A atitude começa dentro de nós. É o estado de espírito com que acorda de manhã, o estado de espírito em que se encontra durante todo o dia e o estado de espírito em que se encontra quando se vai deitar.

Mas a atitude não é um sentimento. A atitude é uma dedicação vitalícia ao estudo do pensamento positivo e o carácter/carisma que demonstra quando interage com outros. Se não for interna, nunca poderá ser externa.

Agora tem a fórmula. E não, não a vou resumir. Se a quiser, irá ler esta resposta vezes sem conta.

John Patterson, o fundador da National Cash Register Company, o pai da arte norte-americana de vender e o tema do meu livro *The Patterson Principles of Selling*, é que tinha razão quando afirmou: "Dedique-se de alma e coração ao seu trabalho."

Patterson adorava caixas registadoras. Não conseguia compreender por que é que nem todos gostavam de caixas registadoras. Pessoalmente, gosto de caixas registadoras porque a maioria tem dinheiro lá dentro. Mas poderá não gostar de caixas registadoras. E nunca poderá dedicar-se de alma e coração a uma coisa de que não gosta. E, por isso, tomei a liberdade de parafrasear Patterson e dizer: "É amar ou largar."

Aqui está a boa notícia:
se gostar do que faz, será facílimo dedicar-se de alma e coração.

Jeffrey Gitomer
Director Executivo de Vendas

Autor. Jeffrey Gitomer é o autor do *best-seller* do The New York Times *The Sales Bible*, de *Customer Satisfaction is Worthless — Customer Loyalty is Priceless*, de *The Patterson Principles of Selling* e do seu mais recente *best-seller The Little Red Book of Selling*. Os livros de Jeffrey venderam mais de 800 mil exemplares em todo o mundo.

Mais de cem apresentações por ano. Jeffrey organiza seminários anuais, dirige reuniões de vendas anuais e organiza programas de formação sobre vendas e lealdade dos clientes. Apresentou uma média de 120 seminários por ano nos últimos dez anos.

Grandes clientes empresariais. Os clientes de Jeffrey incluem a Coca-Cola, a DR Horton, a Caterpillar, a BMW, a BNC Mortgage, Inc., a Cingular Wireless, a Ferguson Enterprises Inc., a Hilton, Kimpton Hotels, a Enterprise Rent-A-Car, a Ameripride, a NCR, a Stewart Title, a Comcast Cable, a Time Warner Cable, a Ingram Micro, o Wells Fargo Bank, a Baptist Health Care, a Blue Cross Blue Shield, a Carlsburg Beer, a Wausau Insurance, a Northwestern Mutual, a MetLife, a Sports Authority, a GlaxoSmithKline, a A.C. Nielsen, a IBM, o New York Post e centenas de outras empresas.

Lido por milhões de leitores todas as semanas. A sua crónica Sales Moves é publicada em mais de 95 jornais de negócios por todo o mundo e é lida por mais de quatro milhões de pessoas todas as semanas.

Selling Power Live. Jeffrey Gitomer é apresentador e comentador de *Selling Power Live*, um recurso de vendas mensal disponível por subscrição e que reúne os conhecimentos das figuras mais proeminentes do mundo em matéria de vendas e desenvolvimento pessoal.

Na Internet. Os seus três *websites* UAU — *www.gitomer.com*, *www.trainone.com* e *www.knowsuccess.com* têm diariamente cerca de dez mil visitas de leitores e de pessoas que assistiram aos seminários. A sua presença sofisticada na Internet e competências em matéria de comércio electrónico estabeleceram o padrão entre os seus pares e recebeu rasgados elogios e acolhimento por parte de clientes.

Formação de vendas *on-line* "Aumente as suas vendas". Aulas *on-line* de formação em vendas estão disponíveis em *www.trainone.com*. Os conteúdos são típicos de Jeffrey — cómicos, pragmáticos, reais e imediatamente implementáveis. A inovação de TrainOne é desbravar caminho no campo do *e-learning** personalizado.

Sales Caffeine. A *e-zine* semanal de Jeffrey, intitulada *Sales Caffeine*, é uma chamada de atenção sobre vendas enviada

---

* **N. T.** Metodologia de aprendizagem na qual os conteúdos pedagógicos estão à disposição dos alunos através da Internet.

gratuitamente todas as terças-feiras de manhã a mais de cem mil assinantes. Isto permite-lhe transmitir, em tempo hábil, informações, estratégias e respostas que têm valor sobre vendas a profissionais da área.

Avaliação de vendas *on-line*. A primeira avaliação de vendas personalizada *on-line*. Rebaptizada "successment",* esta fantástica ferramenta de vendas avalia o seu nível de competência de vendas em 12 áreas críticas dos conhecimentos sobre vendas, mas também lhe fornece um relatório de diagnóstico que inclui 50 minilições de vendas à medida que classifica a sua capacidade de vendas e explica as suas oportunidades personalizadas para o desenvolvimento do conhecimento sobre vendas. Convenientemente denominada KnowSuccess**, a missão da empresa é: *Não pode conhecer o sucesso sem antes se conhecer a si próprio.*

Prémio de Excelência em Apresentações. Em 1997, Jeffrey recebeu o título de Certified Speaking Professional (CSP) da National Speakers Association. O prémio CSP foi atribuído menos de 500 vezes nos últimos 25 anos e é o prémio mais importante atribuído pela associação.

BuyGitomer, Inc.
310 Arlington Avenue • Loft 329
Charlotte, N. C. 28203, USA
(001) 704.333.1112
www.gitomer.com • jeffrey@gitomer.com

---

* **N. T.** Neologismo criado pelo autor que resulta da junção das palavras *success* (sucesso) e *assessment* (avaliação).

** **N. T.** "Conhecer o sucesso".

Obrigado, Obrigado!

Há três anos atrás, numa viagem a Trinidad, o meu cliente disponibilizou-me os serviços de Rupert (um dos seus colaboradores) como guia turístico. Sempre que fazia um comentário positivo ou que o elogiava, ele respondia com um duplo "Obrigado". Foi muito agradável e diferente. Era como um obrigado seguido de outro obrigado.

Existem várias pessoas a quem gostaria de dizer "Obrigado, Obrigado!"

A **Ray Bard** pela ideia original que me apresentou para *The Little Red Book of Selling*. Ray e toda a National Book Network ajudaram-me a gerar vendas de mais de 250 mil exemplares no primeiro ano e abriram o caminho para o livro que acabou de ler. E haverá mais. **Obrigado, Obrigado**!

A **Jim Schachterle** por fazer o telefonema inicial para mim e por insistir até provar que havia uma diferença entre todas as outras editoras com que eu tinha conversado — e a Prentice Hall. **Obrigado, Obrigado**!

A **Tim Moore** por reforçar tudo o que Jim disse e por criar uma verdadeira parceria entre editora e escritor. E por acreditar profundamente que este livro será um sucesso. **Obrigado, Obrigado**!

A **Rachel Russotto** e **Jessica McDougall** pela revisão incansável, dedicada, perspicaz e criativa. Pela organização, ajuda, lealdade e por dedicarem as suas energias à minha obra. **Obrigado, Obrigado**!

Ao meu irmão **Josh** pela sua genialidade e orientação no *design*, a não ser confundida com, mas certamente capaz de, orientação divina. O nosso renascimento gerou uma equipa formidável que durará enquanto nós durarmos. **Obrigado, Obrigado!**

A **Greg Russell** pelo seu incrível *design* do *layout* interior e pelo forte desejo de fazer o seu melhor, em vez de apenas fazer um *layout* de um livro. **Obrigado, Obrigado!**

À minha equipa na Buy Gitomer e na TrainOne. **Obrigado, Obrigado!**

Aos meus amigos, à minha família e à minha família de clientes. **Obrigado, Obrigado!**

> "Os grandes vendedores
> não nascem assim
> nem se criam.
> Evoluem ao longo do tempo
> com base na sua dedicação
> à excelência
> e na vontade de ser útil."
>
> — *Jeffrey Gitomer*